疲れすぎて眠れぬ夜のために

内田 樹

角川文庫 14837

疲れすぎて眠れぬ夜のために

目次

I 心耳を澄ます

ワンランク下の自分に

よく引っ越しをします。

今まで一九回しました。リセットするのが好きなのです。トランク一つに全財産を詰め込んで、ふらっと街を出て、次の街に行く、というような暮らし方が理想です。

引っ越しをよくするのは、いつでもすぐ次の場所へ行ける状態に自分を置いておきたいからです。だって、引っ越しするたびにものが減りますからね。

引っ越すときに荷造りがたいへんだから、あまりものを持たない。家具は最低限のものしかないし、洋服は二シーズン袖《そで》を通さないものは棄てる。本も読み返す予定のないものは棄てる。本と服とパソコンとＣＤとＤＶＤだけしかないから、家の中はがらんとしています。

所有しないのが好きなんです。

こういうことを言うと、悟り澄ました人間みたいですが、でも、物欲を満たそうと思っていると、もう切りがないでしょう。ひたすら不充足感が募ってゆくばかりで。これ、つらいです。

欲望の充足ラインを低めに設定しておけば、すぐに「ああ、なんという幸せ」という気分になれるでしょう。「小さくはあるが確固とした幸せ」（@村上春樹）を一つ一つ積み重ねてゆくこと、それが結局「幸せ」になるための最良の道だと思います。氷雨《ひさめ》の降っている冬の朝なんかに、暖かいふとんにくるまって朝寝をしていて「あ、今日は学校ないから、ずっと寝ていていいんだ」と思うと、もうそれだけで王侯貴族のような幸せを感じることができます。安上がりですよね。

簡単に「幸せ」になれる人間というのは、なんだか薄っぺらで、バカにされそうですけれど、ぼくは「すぐに幸せになれる」というのは一種の能力だと思います。生存戦略上、この能力は明らかに有利です。

これまでは、その逆の「いくら欲しいものを手に入れても、欲望が満たされずにつねに飢えている人間」がぼくたちの生きるモデルでした。

「向上心を持つ」というのは、ある意味では「満たされない欲望に灼《や》かれる」ということですから。

「こんな生温《なまぬる》い生き方にどっぷり浸《つ》かっていてはオレはダメになる。こうしちゃいられない」と苛立《いらだ》って、「もう一ランク上の自分」を志向する人間、そういう刻苦勉励型の人間を家庭も学校もメディアも「望ましい人間」として推奨していました。明治維新以来ずっとそうでした。

確かに、そういう「不充足感」をバネにして生きるということも堂々たる生き方だとは思います。けれども、ぼくはもう、そういうのはやめた方がいいんじゃないかと思うんですよ。

「向上心、持たなくていいよ」なんて言うと教育者にあるまじき暴言に聞こえるかも知れないけれど、まあいろいろ理由があるわけで。

ぼくが学生たちに向かってよく言うことは、「君たちにはほとんど無限の可能性がある。でも、可能性はそれほど無限ではない」ということです。

自分の可能性を信じるのはとてもよいことです。でも、可能性を信じすぎて、できないことをやろうとするのはよいことではありません。だって、ずっと不充足感に悩み、達成できないというストレスに苦しみ続けることになりますから。

どこかで自分の持ってる知性的な、あるいは身体的な資源の限界を知って、それを優先順位の高いものから順番にうまく配分するということも覚えなくてはいけません。

可能性は無限であると信じている人がいます。たくさんいます。でも、これは勘違いですよ。

学生を見ていると、勉強して、バイトやって、クラブやって、セカンドスクールで資格を取って、エステに通って、駅前留学して、海外旅行して……ものすごくタイトでハードな生活設計をしている人がたまにいます。

一日二四時間しかないんだから、それは無理でしょ。それでは、身体が持ちません。精神的にも体力的にも、使える資源には限界というものがあります。目標を適度に設定し、資源を分配する先に優先順位をつけないと、人間は壊れます。人間て、わりと簡単に壊れます。

若い人が分かっていないのは（あるいは分かろうとしないのは）この「人間はわりと簡単に壊れる」という事実です。

「壊れる」にはいろいろな形態があります。

典型的なのは、「自分とは違う人間、ここととは違う場所、今とは違う時間」の方に「今、ここにいる自分」よりも強いリアリティを感じてしまうことです。

私にはあれもできるはずだ、これもできるはずだ、といろいろな課題を抱え込んでしまう。確かに、やろうと思えばできないことはないんです。でもそれを「一気に」達成するのは無理です。受験勉強のように「ゴール」が見えているプロセスの場合は、短期的に心身の限界を超えるような負荷を自分にかけることはできます。でも、それを数年とか十数年にわたって続けることはできません。そんなことをしたら、人間、誰だって壊れます。

人間というのは、強いけれど、弱い。がんばれるけれど、がんばればその分だけ疲れる。無理して先払いしたエネルギーは、必ず後で帳尻《ちょうじり》を合わせるために回収される。この当たり前のことを分かっていない人が多すぎると思います。

疲れたら、正直に「ああ、へばった」と言って、手を抜くということは、生きるためにはとてもたいせつなのです。疲れるのは健全であることの徴《しるし》です。病気になるのは生きている証拠です。飽きるのは活動的であることのあかしです。

でも、「一ランク上の自分」に取り憑《つ》かれた人は、身体や精神が悲鳴をあげるまで痛んでも、なかなか休みません。疲れて立ち止まると、そういう弱い自分を責めます。

それは自分の身体に対しても、精神力に対しても、酷ですよ。

向上心は確かにある方がいい。でも、あり過ぎてはいけない。

人は夢と現実を同時に生きなければなりません。この匙《さじ》加減がとても難しいのです。

なのに、若い人たちは答えを単純化したがります。

「私には無限の可能性があるのかないのか、どっちなんです?」と訊《き》いてきます。

そういうとき、ぼくはこう答えることにしています。

「君の可能性は無限だし、同時に、有限である」

自分の可能性を最大化するためには、自分の可能性には限界があるということを知っておく必要があります。自分の可能性を伸ばすためには、自分の可能性を「たいせつにする」ことが必要です。

自分の「可能性」というのは、喩《たと》えて言えば、ぼくたちを乗せた「馬車」を牽《ひ》いている「馬」のようなものです。

ときどき休ませてあげて、水を飲ませて、飼い葉をたっぷりあげて、うんと可愛がってやれば、「馬」は遠くまで歩いてくれます。でも、とにかく急がせて、少しも休ませずに鞭《むち》で殴り続けていれば、遠からず過労で死んでしまうでしょう。

自分の潜在的可能性の「限界を超える」ためには、自分の可能性には「限界がある」ということを知らなくてはいけません。

それは愛情と同じです。

愛情をずいぶん乱暴にこき使う人がいます。相手が自分のことをどれほど愛しているのか知ろうとして、愛情を「試す」人がいます。無理難題をふきかけたり、傷つけたり、裏切ったり……さまざまな「試練」を愛情に与えて、それを生き延びたら、それが「ほんとうの愛情」だ、というようなことを考える。

でも、これは間違ってますよ。愛情は「試す」ものではありません。「育てる」ものです。

きちんと水をやって日に当てて肥料を与えて、じっくり育てるものです。

若芽のうちに、風雨にさらして、踏みつけて、それでもなお生き延びるかどうか実験するというようなことをしても、何の意味もありません。ほとんどの愛情は、そんなことをすれば、すぐに枯死してしまうでしょう。

愛情を最大化するためには、愛情にも「命がある」ということを知る必要があります。ていねいに慈しんで、育てることによってはじめて「風雪に耐える」ほどの勁《つよ》さを持つようにもなるのです。

ぼくたちの可能性を殺すものがいるとすれば、それはほかの誰でもありません。その可能性にあまりに多くの期待を寄せるぼくたち自身なのです。

ほんとうの利己主義とは

最近の人は「利己的」だ、という非難をよく耳にします。ほんとうにそうなんでしょうか。ぼくはそうは思いません。彼らは「利己的」なのではなくて、単に「己」が異常に狭《きょう》隘《あい》なだけなのではないでしょうか。

ほんとうに「利己的」な人間であれば、どうすれば自分がもっとも幸福に生きられるか、どうすれば自分が今享受している快適さを最大化し、できるだけ持続させることができるか……というふうに発想するはずです。でも、そうなっているでしょうか。

たとえば、「むかついて人を殺す」若者というのがいますね。これは「利己的」な行為だと言えるでしょうか。

言えませんよ。

だって、「むかついて人を殺した」若者はその後逮捕され、拘禁され、裁判を受け、刑務所に入ることになるわけで、長く苦しい心身の痛みを経験することになるわけですから。一瞬の「むかつき」を解消するという「快適さ」を選んで、その結果、数十年（場合によっては死ぬまでの全期間）にわたる「不快」をその代償として引き受ける、というのはどう考えても間尺に合わない取り引きでしょう。

この場合、彼の行為は「利＝己的」とは言えません。むしろ「利＝むかつき」的というべきでしょう。「むかつき」の解消が彼の全人格の中で最優先的に配慮されているわけですから。

自分の心身を構成するさまざまなファクターのうちの、ごく一部――憎しみとか苛立《いらだ》ちとか「むかつき」とかいう「不快感」の解消や、セックスやドラッグのもたらす「快感」の達成――を優先的に配慮する人間は、「利己的」というよりは利すべき「己」が「自己」

のほんらいのサイズよりずっと縮まった人たちだとぼくは思います。

監獄につながれている「未来の自分」の不快感でさえ、「自分の」不快感にはカウントされないくらいですから、「むかつく」若者においては、自分の「身体」は、不快の解消と快感の成就のためなら、いくらでもこき使って構わない「道具」の水準にまで軽視されています。

それは、先ほど述べた「一ランク上の自分」に取り憑かれた若者とも発想において通じるところがあります。

今の自分の状態が分からなくなって、身体が悲鳴をあげていても、それに耳を傾けずに、わずかばかりの欲望の実現のためには耐えきれないほどの負荷を自分の身体にかけることのできる人間は、「私」が極端に縮んでいるという意味では「むかつく若者」のお仲間です。

それはあるいは家庭における教育のしかたにも遠因があるのかも知れません。

もし親が子どもに向かって、「ある条件をクリアーできたら（きちんと排便ができたら、言葉が話せたら、勉強ができたら、＊＊大学に受かったら……）、お前を子どもとして承認する、その条件を満たせないようなものは私の子どもとしては承認しない」というしかたで、子どもの成長に圧力をかけたらどうなるでしょう。

子どもは幼いうちから、自分の中には「私」として承認される部分（たとえば、勉強がよくできる点）と、「私」の一部としては承認されない部分（たとえば、昼寝が大好きという点）がある、という考え方をするようになるでしょう。親によって「承認された部分」だけが市民権のある「私」となり、親が承認しなかった部分は「私ならざるもの」として、「私」の外部に、「克服すべき欠点」として排除されることになります。

そういう「私」の分断を幼児期から経験してきた子どもは、成長した後、自分の存在を「トータルなもの」として経験することに困難を覚えるようになるのではないでしょうか。

そして、いつのまにか、「私らしい私」と「私らしくない私」が無意識に切り分けられ、「もっとも私らしい私」だけが「私」で、「私らしくない私」は、よくてただの「道具」、悪くすると「私の自己実現の妨害者」というふうにとらえられることになるのではないでしょうか（「昼寝好き」というような性向は、たぶん「私が私であることを妨害する欠点」ととらえられて、「私の個性」にはカウントしてもらえないでしょう）。

でも、私の中のこの点は「私らしい」が、この辺は「私らしくない」というような切り分けをしてよいのでしょうか。そもそも、そんなことは可能なのでしょうか。

もし、私の中の局部的な「欲望」だけが優先的に配慮され、それ以外のすべてのファクターは、それに奉仕するために「滅私奉公」することを求められているとしたら、それは

「私」における一種の全体主義ということになります。ある種の独裁体制です。

　でも、今の若い日本人を見ていると、どうもそういうふうに、非寛容的で排他的なしかたで彼らの「私」のシステムが構成されているような印象を受けます。メディアは若者が「他者」に対して非寛容で排他的であるというふうに書きますが、ぼくはむしろ自分の中の「自分らしからぬ部分」に対する非寛容性と排他性の方を強く感じてしまうのです。「私」って、ほんらいもっと宏大《こうだい》で、もっと開放的なものだったのではありませんか。

　よく考えてみて下さい。

　だって、幸福に生きたいと思ったら、とりあえず、家族となごやかな関係をとりむすんでいることが必要だし、集団の中である程度敬意をもって遇されていることが必要だし、親しく信頼できる友人がいることが必要だし、抱きしめてくれる恋人が必要だし、社会が平和であることが必要だし、通貨が安定していることが必要だし、国際関係が対話的であることが必要だし、エコシステムが維持されていることが必要だし……というふうに、ほんらいどんどん幸福の条件というのは外に向けて拡大してゆくはずのものでしょう。

　そうじゃないと、幸福になれないから。だって、いくら親しい家族や恋人がいても、核戦争が始まったり、地球生態系が崩壊したら、もう幸福ではいられないんですから。

　ホッブズやロックが近代市民社会論を書いたときに近代の市民に対して「利己的にふる

まう」ことも勧めたのは、人々が自分の幸福を利己的に追求すれば、結果的には必ず自分を含む共同体全体の福利を配慮しなければならなくなる、と考えたからです。利己的な人間は必ず家族や友人の幸福を配慮し、共同体の規範を重んじ、世界の平和を望むはずだ、と考えたのです。だから、個人が利己的に行動して己の利益を最大化するべく努力することを共同体の基礎にしたのです。

今問題になっているのは、そのような「ほんらいの利己主義」の意味が見失われている、ということではないでしょうか。

利されているのは、「己」ではなく、「己」を構成するごく一部でしかない局所的快感や、幻想的な欲望です。それが「己」の地位を占有し、独裁的な君主の地位にあります。そして、「己」を構成するほかの「局所的な要素」に向かって、全力をあげて、この狭隘なる「己」に「奉仕せよ」と命じているのです。

「むかついて」人を殺す若者や、一時的な享楽のために売春やドラッグに走る若者は「利己的」なのではありません。「己」が縮んでいるのです。「自己中心的」なのではありません。「自己」がほとんどなくなっているのです。

ぼくが学生たちに言っているのは、「もっと利己的に行動しなさい」ということです。ここで言う「己」とは、瞬間的な劣情や怒りや憎しみのことではありません。もちろんそのようなものを含んではいますけれど、それ以外の無数のファクターを取り込んだ、開放的なシステムです。それをどうバランスよいしかたで立ち上げるか、それが一番たいせつなことなのです。

でも、そのことをアナウンスする人は、ほんとうに驚くほど少ないのです。

人はどうしてオヤジになるか

「人間の心身の力には限界がない」というのは現代人の陥りがちな誤解であるということを先ほど申し上げましたが、そのような誤解のうちもっとも危険なものの一つは「不愉快な人間関係に耐える能力」を人間的能力の一つだと思い込むことです。

これは若い人に限らず、性別を問わず、あらゆる年代の人に見ることができる傾向です。でも、「不愉快な人間関係に耐える」耐性というのは、ぼくに言わせれば、むしろ有害であり、命を縮める方向にしか作用しません。

対人関係で神経を逆撫《さかな》でするような人間に対して、なぜそこから逃げ出さずに、妙に踏ん張ったりするのか。その理由を考えてみましょう。

不愉快な人間とかかわると、ちょうど可聴音域を超える低周波が睡眠を妨害するように、恒常的な不快感が「ボディブロー」のようにゆっくり効いてきます。そして、精神と身体がだんだん損なわれてゆきます。

にもかかわらず、ここでがんばる人がいます。それは、心のどこかに「不愉快な人間関係に耐えることはよいことだ」という思い込みがあるからです。

先ほど、すぐに「むかつく」若者のことを話しましたけれど、すぐに「むかつく」若者と、「いくらでも不愉快な人間関係に耐えられる」若者は、まるで逆なようですが、実は精神構造は同一なのです。

気持ちの悪い客を受け容《い》れる売春女子高生、いじめられながらも仲間にへばりついている中学生、家庭内離婚をして無言で暮らす中年夫婦、バカな上司にこき使われているサラリーマン……彼らのメンタリティは「むかつく」若者と本質的には同じです。

どちらにも共通するのは「自己」が極端に縮んでいるということです。

「むかつく」若者の場合は「むかつき感」が自己の中心にあり、いわば「王位」を占めています。それ以外の人間的資源はもっぱら「むかつき感」の解消のために奉仕することを強いられています。

「耐える」人の場合は、「耐えること」が自己の中心にあります。それ以外のすべては「耐える」ことのために動員されます。時間も、エネルギーも、愛情も、論理的思考力も、想像力も……人間的資源の洗いざらいが「耐える」ことに蕩尽《とうじん》されます。「我慢している人間」は、その「我慢」にどういう意義があるのか、それを絶えず自分に言い聞かせないといけません。なにしろ「我慢」しているわけですから、ただぼうっとしていてはとても耐えきれないわけです。何か大義名分が必要です。「これは一時の方便だ」とか、「もっと大きな目的のための一時的な迂回《うかい》なのだ」とか。

もちろんこんな言い訳でいくら言い繕っても、人間の耐性には限界がありますから、恒常的な不愉快さは、いずれ身体的なダメージとなって蓄積してゆきます。毛が抜け、歯が痛み、しわが増え、腹のまわりに脂肪が付き、鼻毛がはみだし、目が濁ってきます。そういうふうに「危険信号」が全身から発信されていても、「耐える人間」はその信号に気がつきません。「なんか、最近、調子悪いなあ」と思うだけです。

繰り返し言うように、人間が使える心身の資源は「有限」です。限度を超えて使用すると、必ずシステム全体に影響が出て、一番弱いところから切れてきます。

「不愉快な人間関係に耐える」というのは、人間が受ける精神的ダメージの中でももっとも破壊的なものの一つです。できるだけすみやかにそのような関係からは逃れることが必《ひっ》須《す》です。

しかし、それまでの生活の中で、穏やかな家庭生活を構築することや、敬意を持たれる社会的ポジションに就くことや、信頼できる友人や、愛情こまやかな恋人を得ることができなかった人間――総じて「真の意味で利己的にふるまう」ことを怠った人間――には「逃げる先」がありません。

逃げ場を見つけられず、そのまま不愉快な人間関係の中にとどまっているうちに、やがて「耐える」ということが自己目的化し、「耐える」ことのうちに自己の存在証明が凝縮されてしまったような人間ができ上がります。

世に言う「中年のオヤジ」というのは、この「耐えること」が劇的に人格化されたものだ、といってよいでしょう。

会社で上司の罵声《ばせい》に耐え、部下の暴言に耐え、クライアントのわがままに耐え、満員電車での長距離通勤に耐え、妻の仏頂面に耐え、セックスレスに耐え、子どもの沈黙の軽蔑《けいべつ》に耐え、巨額のローンに耐え、背広の肘《ひじ》のほころびに耐え、痔疾《じしつ》の痛みに耐え……といったふうに、全身これ「忍耐」からできているのが「中年のオヤジ」という存在です。

これはたぶん、どこかで「ボタンの掛け違え」があったせいだと思います。

人生のある段階で（たぶん、かなり早い時期に）、不愉快な人間関係に耐えている自分を「許す」か、あるいは「誇る」か、とにかく「認めて」しまったのです。そして、その後、「不快に耐えている」ということを自分の人間的な器量の大きさを示す指標であるとか、人間的成熟のあかしであるとか、そういうふうに合理化してしまったのです。

蟹《かに》が甲羅に合わせて穴を掘るように、人間は、自分で作ったパターンに合わせて不幸を呼び込みます。「不快に耐えている自分」を「器量の大きい人間」というふうに勘違いしたら、もうその後の「オヤジへの道」は一直線です。そういう人は不快な人間関係だけを選択し続けることになります。

ほんとうにそうなんです。

実は、彼の職場の上司も部下も「けっこういいやつ」なんです。けれども、この「オヤジ」があんまり感じが悪いので（とにかく「不愉快な人間関係」を他人と取り結びたくてうずうずしてるんだから、感じ悪い野郎に決まってますよね）、ついこいつに対しては意地悪にもなるし、反抗的にもなるのです。

家族だって、ほんとうは優しい人たちなんだけど、家にいる間じゅう「オヤジ」が不愉快な顔をしているので、笑顔も凍りついてしまうのです。

でも、彼は自分が「不愉快な人間関係」の原因であることを知りません。なぜ宿命的に自分の周囲には不愉快な人間しかいないのであろうか、とときどきやけ酒を呷《あお》るくらいです。

でもこれは「オヤジ」一人の事例ではありません。年齢性別にかかわりなく、「不愉快な人間関係に耐えている」自分を一度でも合理化し、その生き方に意味を見出《みいだ》してしまった人間は、それから後の人生、繰り返し「不愉快な人間関係に耐える」生き方を選択し続けることになるのです。

家出のススメ

なぜ、この「オヤジ」はこういう人間になってしまったのでしょう。

ほかのほとんどの場合と同じように、これもたぶん最初は親との関係が原因にあるのだと思います。

親子関係というのは、決して平坦《へいたん》にはゆきません。もう確実に。必ず、思春期に子どもと親との対立が生じます。それは遺伝的にインプットされた一種の「本能」のようなものです。その対立を契機にして、親は「子離れ」し、子どもは「親離れ」をするわけですから、ある時期、親子がいがみ合うというのは、必要だし、たいせつなことなのです。

岸田秀《きしだしゅう》さん以来「人間の本能は壊れている」というテーゼが流布していますが、岸田さんだって「壊れている」と言っているだけで、「ない」とは言っていないんですから、その点ご注意下さい。本能的な衝動も断片的には人間には残っているのです。

だから、この思春期の「親子対立」が訪れたら、「お、とうとうそういうシーズンが来たか」と、さっさと親子が離れてしまえばよいのです。もともと、そうやって子どもの自立を促進させるためにあつらえてある本能なんですから。

ところが、おおかたの家庭では、この「親子対立」を「不愉快な人間関係」という社会的なレベルでとらえてしまいます。

そして、この「不愉快な人間関係」に耐えることが、親子の双方にとって、人間的な度量や成熟のために「必要」なのだ、というまるで間違った方向に発想してしまうのです。

これが「ボタンの掛け違え」のたぶん最初のきっかけだろうとぼくは思います。

こうして、親は無言の食卓、子どもの深夜の帰宅や、やかましい音楽や、気分の悪い服装を「我慢」することになります。

でも、「気分が悪い」のは当たり前なんですよ。

子どもは親を怒らせるためにそうしているんですから。わざわざ親が怒りそうな時間に帰宅し、わざわざ親が一番嫌いな種類の音楽をかけ、わざわざ親が見たら卒倒しそうな服装を選び出して着ているんですから。これが我慢できるというのは、相当親の方が鈍感でなくては無理です。

そして、実際、親はこの不快に耐えるために、意図的に鈍感な人間になるのです。子どもの側からの「親を不愉快にするメッセージ」をあえて見落とし、あえて聞き落とし、コミュニケーションの回路を遮断するという挙に出るのです。子どもは当然、「不愉快アピール」をさらにエスカレートさせますから、結果的には「やたらに感じの悪い子ども」と「やたらに鈍感な親」のペアがめでたく誕生することになります。

だから、親は子どもが「親離れ」の時期を迎えたら、我慢すべきではないのです。親が我慢できないようにわざわざいろいろなことをやってみせてくれているんですから、その子どもの努力を認めてあげましょうよ。親が「ああ、やだ。もう耐えられん」と思うように、子どもは「本能的に」行動しているんですから。素直に、「もう耐えられない」と言えばいいのです。

「出て行け!」と。

「金は欲しいだけやるから、オレの前に二度と顔を出すな!」と言ってあげればよいのです。

それこそ子どもがもっとも切望していることばなんですからね。親からの最高の贈り物はそのことばなんですから。

しかし、世の親のまず九九パーセントはこういう「本能的」対応をあえてしません。なぜか本能に逆らって、「我慢」するのです。だって、「我慢すること」こそ人間的な器量のあかしだという誤った思想を、子どもを持つようになる前の段階で（自分自身が子どもだった頃、就職したとき、結婚した後……などに）、自分の中に刷り込んでしまっているからです。

子どもから発信される信号を鈍感に無視し続けることをこの親たちは「人間的成熟のあかし」、あるいは「深い親の愛情のあかし」だと勘違いします。

これが悲劇の始まりです。

子どもにしたら、そんな対応をされたらたまったものではありません。家を出たいけれど、親の同意と協力がなければ思春期の子どもは家からは出られません（出てもいいけど、いきなりソープとかパチンコ屋の住み込み従業員とかいうリアルな人生もつらそうですし）。しかたなしに、何とか理由をつけて家を出られるようになるまで（大学に入るとか、就職するとか）、数年から悪くすると十数年にわたって、子どもの「我慢」も続くことになります。

とにかく、そうやって家庭は、「全員が全員に対して我慢している」場、いつも仏頂面をした人間たちが行き来する場となります。

「我慢すること」、「不愉快な人間関係に耐えること」を人格のコアとするような人間の次世代はこのような家庭の産物です。まことに不幸な再生産というほかありません。

ところで、ぼく自身はぜんぜん「我慢」というものをしない人間です。ですから思春期になって、親子対立の徴候が出たところで、すぐに家出をしてしまいました。

内田家の人たちとはたいへん仲がよかったんですが、ある時期、何となく父と話が通じないと思ってきたので、「じゃ、うち出ちゃおう」と決めたのです。別に、父と喧嘩《けんか》をするとか、無言の食卓で気まずい空気が濃密になり、「うるせえな」とか「なんだ、その口のきき方は！」みたいな劇的な光景が展開したわけではありません。

何となくちょっと黙り気味になって、親との対話がうまくゆかなくなっただけです。それまで父親の話を聞くことはぼくにとって少しも苦痛ではありませんでしたが、ある時期をさかいにして、父親の「教訓くさい」話が急に聞きたくなくなったのです。一方の父もそれまではぼくのおしゃべりをけっこう面白そうに聞いてくれていたのですが、ぼくが高校で仕込んできた新知識や新しい考え方を披瀝《ひれき》するようになると、不快そうな顔で応じるようになりました。

「あれ、話が通じなくなったな」と思ったので、夏休みの間バイトをしてお金を貯め、アパートも借りて、それからある日曜日に運送屋を呼んで、「じゃ、これで失礼します」ってそのまま家出して、ついでに高校もやめてしまいました。

内田家のみなさんはずいぶん驚いてました。

でも、結局、半年くらいでぼくの家出は（飯が食えなくなって）失敗し、ぼろぼろに尾羽打ち枯らして、「すみません」と家に戻ることになりました。しばらく部屋の隅っこの方でじっと逼塞《ひっそく》していましたが、大検を受けて、十九のときに大学に受かると同時に入学手続きもしないうちに駒場《こまば》寮に飛び込んで、そのまま二度と家には戻りませんでした。

顧みても、別に両親ととりわけ不仲だったわけではありません。家族との関係を絶ち切りたかったから家出したのでもありません。このままいると「我慢」することになるし、「我慢」は身体に悪いよ、ということが直感的に分かったので、さっさと家を出たのです。

ですから、ぼくは両親との間で、「葛藤《かっとう》」というものを経験していません。小さなときは、両親を敬愛し、思春期になって、「あれ、何か違うな」と思い始めたとほぼ同時に家から出てしまったので、父親に対する尊敬の念がだんだんと崩れてゆき、やがて憎しみに変わる、というようなドラマ的な展開はまるでなかったのです。

そういうふうに「本能的」に行動したせいで、その後、ぼくはずっと親密に両親とおつきあいができました。それほど頻繁には会いませんが、会えばお互いに微笑みかわし、親しくお話しします（二〇〇二年の五月に父親は亡くなりましたが、母はまだ元気です）。

少年時代に人生最初の「我慢する／しない」の選択の場で、「我慢しない」方を選択したせいで、ぼくはその後も一貫して「我慢しない」という道を選択し続けています。こういうことは最初の選択でさきざきまでの道筋が決まってしまうものなのです。

不愉快な人間関係に耐えるということは、ぼくの場合には、ですからほとんど起きません。若いときは、それでもときどき、偉そうなオヤジに説教されるというようなことがありましたが、我慢していると腕に「発疹《はっしん》」が出てくるのです。さすがに発疹が出ると、相手もびっくりして、「具合が悪いので失礼します」ということばも言い訳には聞こえないのでした。そうやって不愉快な場から後も見ずに逃走することにしていました。翻訳会社で営業マンをしている頃も、仕事がらみで会っている人が自慢話ばかりして感じの悪い野郎だなと思っているうちに、やはり腕に発疹が出てきて、「熱が出てきましたので、これで失礼」と言って、その場から逃げ出したこともあります。

不愉快な人間関係に耐えていると、生命エネルギーがどんどん枯渇してゆきます。それがぼくには確かに感じられる。だから、学生たちにも、不愉快な人間関係には我慢しない方がいいよということをつねづね教え聞かせているのですが、なかなか理解されませんね。

でも、この間読んだ本によると、弁護士と精神科医は、作家や画家に比べると老け込むのが早いそうです。その理由はどちらも人の話を黙って聞かなければいけない職業だから。これはけっこう当たっているんじゃないかと思います。弁護士の場合は「なんだか、こいつ真犯人みたいだなあ」と内心思っていても、職業上、その人の話を信じないといけない。精神科医もかなり忍耐力が要りそうですよね。人間関係で何かを我慢すると、人間はそれだけでかなり生命力を消耗すると思いますよ。ほんとうに。

II

働くことに疲れたら

サクセスモデルの幻想

女性は自立すべきである。これは六〇年代から支配的となった言説です。ところが、そう言ってきた女性たちが、今精神的に苦しんでいます。今一番きつそうなのは三十代の女性たちのように思われます。

鬱《うつ》や神経症にかかる若い女性が非常に増えています。これは別にぼく一人の印象ではなく、精神科医の知人からも統計的に同じ傾向が見られるということを教えてもらいました。

理由は何でしょう。

サクセスモデルを追いかけることが彼女たちにとって、だんだん苦しくなってきたのではないかとぼくは思います。

女性向けのメディアは、ばりばりと働いてキャリアアップしていく女性をサクセスモデルとして提示してきましたが、ここにきてどうもそれに対する反動がきているように見えます。自分自身でサクセスモデルを設定しておきながら、それになかなか到達できないでストレスがたまり、だんだん心身が苦しくなってきた、ということではないかとぼくは思っています。

あるキャリアウーマン志向の女性誌が一時期、登場人物のプロフィールから「年齢」を外し、その代わりに「年収」を追加したことがありました。いくら稼いでるかということで、女性のキャリアの成功を具体的に指標化してみせたわけです。でも、これは評判が悪かったみたいです。

そういうのってあまり「品がよくない」とぼくも思います。

これまでの女性誌は、働く女性のサクセスモデルを、横文字商売で成功して、恋愛でも成功し、素晴らしい家を構え、理解ある配偶者と賢い子どもたちに恵まれ、センスもよく、海外にたくさん友人がいて、英語がぺらぺらで、アートに造詣《ぞうけい》が深く、ワインにはちょっとうるさい……といった具合に設定してきました。

でも、こういうのって、現実にはすごく特殊なケースです。こんなものをすべての女性にとってのサクセスモデルにするのは無理があります。いくら何でも条件がきつすぎます。

このモデルを基準に取ると、たとえば仕事している女性は、結婚して子どもがいる人を羨《うらや》ましがることになる。逆に、結婚して子どもがいる女性は働いている人を羨むことになる。

仕事も家庭も子育てもすべてうまくやって、はじめて「できる女」になれるわけです。

仕事も家庭も持っている人は、さらに自分の仕事が「知的でクリエイティヴ」かどうか気になり出し、家の中が「インテリア雑誌に出るほどきれいじゃない」ことを恥じ、子どもが一流校に行ってないことで苛立《いらだ》つ……というふうに、一度そういうサクセスモデルを理想として受け容《い》れてしまったら、ハードルはエンドレスで上がってゆくだけなんです。

でも、そんなハードルがクリアできる人は、一〇〇〇人に一人もいません。資質に恵まれ、環境に恵まれ、いわば一〇〇メートル競走で、九〇メートルのところからスタートしたような人しか、そんな過酷な目標は達成できません。そういうレアなケースを一般的な成功のモデルとして提示するというのは、フェアじゃないとぼくは思います。それって、ただ若い人たちの不充足感を募らせるだけなんですから。

しかし、この一〇年間、女性系メディアは、そういうはなやかな成功を収めた働く女性やカリスマ主婦を持ち上げ、「幸せの象徴」にまつりたててきました。でも、そういう幻想を誇示することによって、ほんとうによいことがあったのかどうか、ぼくはかなり懐疑的です。

できあいのサクセスストーリーを見て、それで人生の指針が定まって、たいへん役に立ったという女性より、そのサクセスストーリーと己の現状とのあまりの「落差」に愕然《がくぜん》として、傷ついた女性の方がずっと多いのではないでしょうか。

男性はそういう意味ではもっと「タフ」だと思います。というのは、男にはあまりサクセスモデルと自分を引き比べるという習慣がないからです。

男は毎日、上司や取引先にお世辞をこね、その一方で部下や下請けからおべっかを使われています。けれど、ふつうのサラリーマンは、そこで示される敬意が表層的なものに過ぎず、誰も「心からの敬意」なんか抱いていないことを経験的に知っています。

男は権力関係に子どもの頃からなじんでいる分だけ、権力関係で傷つかないしかたについても、それなりに経験を積んできているのだと思います。

鳥山明《とりやまあきら》や井上雄彦《たけひこ》が年収数億円と聞いて「すごいなあ、漫画って儲《もう》かるんだな」と思う人は多いでしょうが、だからといって鳥山明や井上雄彦を「嫉妬《しっと》する」ということは男の場合はあまり起こりません。

そういう「無理なところ」に自分の目標を設定しても、意味がないということを知っているからです。とりあえずの目標は「手の届くところに設定する」というような、せこい「生きる知恵」が男の方には備わっています。もちろん、それが女性の目からは「覇気がない」とか「野心がない」というふうに見えてもしかたがありませんけど。

その反対に、女性はこれまで、権力や社会的成功というものに、あまり価値を認めないという生き方をしてきました。そういうものと無関係なところで生きて、男たちが必死になって社会的成功や金や権力を求めている姿を「何やってんだろう、この人たちは」とさめた目で見てきたという側面があると思うのです。

その意味で、女性文化は近代日本においても、男性的な価値観に対する対抗軸としての社会的機能を果たしてきたとぼくは思っています。

高い地位や高い賃金を求めて、寝食を忘れ、家族を顧みずにがりがり働くお父さんに対して、「そんなことどうでもいいじゃないの」「それよりもっとおいしい物を食べてほっこりしましょうよ」というお母さんがいて、二つの価値観がせめぎ合うというかたちで伝統的な家庭はバランスを取ってきたはずです。男が仕事に命を削って働くことの意味がどうしても理解できない、というのが女の批評性です。それによって、ある日男の方が「はっ」と我に返って、「オレはいったい、何をこんなに夢中になっていたんだ……オレのことをこんなにも愛してくれていた家族を顧みないで……」と泣いて反省、というようなことだってあったわけです。こういうのはすごく大事です。

ところが、今の女性たちが求めている「社会進出」というのは、言い換えれば、女性が男性的な価値観の「対抗軸」でもなく、「批評的」立場でもなく、むしろ、これまで女性が持ってきた批評性を放棄して、男性的価値観に一元化しつつある、というふうにも言えると思います。

確かにフェミニズムの興隆期においては、それまで女性にとっての「禁域」であった職場や地位への参入が可能になったことで、意欲のある女性はどんどんそこに進出してゆきました。そのことの歴史的意義は繰り返し強調する必要があると思います。

その時期は、とにかくどんな分野の仕事でも、「女性ではじめて」という勲章がついた時代ですから、社会進出する女性の側にもはりつめた緊張感や歴史的な使命感がありました。ですから、有能なエグゼクティヴとして仕事をばりばりこなしながら、同時に家庭ではよき妻であり母であるというようなスーパーウーマンの過剰な負荷に耐える、ということがありえたのです。

人間というのはそういう「歴史的使命」みたいなものを背負っているときは、すごく馬力が出るものです。この世代の人たちには、「自分たちは女性の新しい生き方を示す先駆者なんだ」という強烈な使命感がありました。だから、過重なストレスが心身を苛《さいな》んでいたにもかかわらず、それは症候としては発現しなかったのです。気がはっている人間は病気にはなりません。

でも、今の二、三十代の女性には、そのような先進的女性の使命感のようなものはありません。先駆者の自負もありません。自分の生き方が後続する世代のモデルになるのだ、というような緊張感もありません。

「就職か進学か家事手伝いか」の三者択一しかないので、「とりあえず何年か働こう」という弱い動機で就職を選んだだけ、という人がたくさんいます。使命感や自負を持たない人たちはストレスに弱い。これは誰にでも分かりますね。

それに、二昔ほど前なら、「貧しい両親に仕送りし、弟を何とか私の行けなかった大学に進めたい」というような滅私的動機もありえたでしょうが、今はそんなふうにして子どもの労働を動機づけてくれる家族はなかなかいません。

仕事をすることの動機づけに「やむにやまれぬ」という切実な事情がなく、「みんなも仕事しているから……」というような薄弱な動機で仕事に就いた女性は、その仕事の「無意味さ」になかなか耐えることができません。働きだして七、八年というところで、今になって、「どうも仕事がつまらない」と思い始めるのももっともです。しかし、それではというので、それに代わる豊かなオプションが提供されているわけでもありません。

ゼミの学生たちに毎年同じことを訊《たず》ねてみるのですが、つい一〇年前までは、ゼミの学生一五人くらいのほとんど全員が働いて自立したいと言っていたのが、今年あたりになると、専業主婦がいいという学生が過半数に達しました。別に優雅な主婦生活を夢見ているわけではないようです。別に貧乏でもいい、と言うんですから。

貧乏でもいいから、旦那《だんな》さんに「いってらっしゃい」と言って送り出した後、掃除したり、アイロンかけしたりして、その後ガーデニングしたり、モーツァルトを聴きながらジャム作ったりして、ほっこり主婦したいんですと。

彼女たちは、母親たちの世代が、住宅ローンなど身の丈に合わない借金を背負い込んで、低賃金のパートなどをして必死にローンを払う姿を見てきているわけです。そして、そういうふうな意味での上昇志向がまるで間尺に合わないということを、若い世代は見抜き始めているのです。

「家なんかいらないから、その分、家族で旅行したり、美味《おい》しいものを食べたりして、愉《たの》しもう」というふうに早い段階で彼女たちの両親が方向転換していれば、母親もパートなんかに出ないで済んだし、家にずっといてくれて、もっと一家団らんを愉しめたのに……という「鍵《かぎ》っ子」の悔恨が彼女たちにはあるようです。

だから、「就職したくない、主婦がいい」と若い女の子たちが言い出したのも無理からぬところがあると思います。この専業主婦志向には、彼女たちの母親の世代の「右肩あがり」幻想に対する「ゆきすぎの補正」という側面があると思います。

そういう専業主婦志向の学生たちは「持ち家なんか要らない」「夫には高収入は求めない」とわりあいはっきり言います。「それより二人で一緒にいる時間がたいせつ」という彼女たちの判断は、先輩の女性たちからすると歯がゆいかも知れませんが、ぼくは歴史的に見ればそれなりに健全な反応だと思います。

就職忌避の傾向が見えてきた若い女性に比べると、男たちはまだ仕事に幻想を持っています。しかし、同じ年代の女性に比べるとストレスには強いように見えます。たぶんそれは目の前にニンジンをぶら下げられてパシパシと鞭打《むちう》たれる、という経験を子どもの頃からずっとしてきているからだと思います。男の子はニンジンに対しても鞭に対してもある意味では「鈍感」になってしまっているのです。打たれ慣れていて、尻《しり》の皮が厚いとも言えます。逆に言えば、そういう幻想にあまり真剣にかかわっていると身体が持たないということを経験的に知ってもいるのです。

でも、女の子の方はそうじゃない。若い男性がマスターしている、「サクセスモデルといっても、あんまりリアリティないしなあ、でもま明日もオツトメですわ」というような、半分本気、半分適当、というような微妙な手抜きのしかたについては、訓練を受けたことがないんです。「手を抜く」というようなことは訓練を受けないと身につかない社会的技能なのです。実は。だから、女性の方が社会的な成功の幻想をむしろ信じやすいのではないでしょうか。

男の中には、自分の本業について、「オレの仕事ですか？　いやあ、つまんない仕事ですよ、ほんとに」というようなことを言いながら、非常に質の高い仕事をしている人がけっこういます。むしろ、スケールの大きなビジネスマンにはそういうタイプの方が多いのです。「なんとなく、こんな仕事する羽目になっちゃって……」というふうにたらしている人が思いがけなく大きな仕事をしたりするのです。

でも、「私の仕事？　くっだらない仕事よ。そんな話、聞いてもつまらないって」とへらへらしながら、その実すごくレベルの高い仕事を達成している女性ということになると、これはまことにレアです。

女性で成功している人は、まず例外なく大まじめなのです。

それは女性にとっては、「仕事をする」ということが、「男性中心主義に抗議して、社会的リソースの公平な分配を要求する」という非常に「まじめな」要請から出発して獲得されたチャンスだったことにも一因があると思います。「まじめな」要請に基づいて手に入れたものなので、あまり「へらへら」こなすわけにはゆきませんから。

ほんとうは「へらへら」こなして頂いてもぜんぜん構わないし、そうする方が結果がよい場合が多いんですけれど、女性にはたぶんそのやり方がよく分からないのでしょう。

この「へらへらと質の高い仕事をする」ためのノウハウを知っているか知らないかという違いが、同じような社会的プレッシャーを受けながら耐えられる人と潰《つぶ》れる人の違いを生み出しているのではないかとぼくは思います。

でも、今仕事で成功している女性、メディアがサクセスモデルとして持ち上げる女性の中に、「まあ、そんなに気張らずに、てれてれ行きしょう」というメッセージを若い世代に送る人はほとんどいませんね。

成功者はほとんど例外なしに、自分がいかにひとなみはずれた環境と才能に恵まれていたか、いかに超人的な努力をして今日の地位を築いたかをとくとくと（あるいはさりげなく）語ります。

説教臭い女性というのはいっぱいいますけれど（誰とは言いませんが）、橋本治や小田《おだ》嶋隆《じまたかし》や高橋源一郎《げんいちろう》のようなタイプの「サクセスなんて、品が悪い」ときっぱり言い切る女性の論客はほんとに見かけないですね。

このあたりに「成功」ということについての男女の経験の差が露呈しているように思います。

女性嫌悪の国アメリカが生んだサクセスモデル

日本のメディアが出してる女性のサクセスモデルの大きな問題は、それがアメリカン・スタンダードを輸入してきた、ということにあるのではないでしょうか。アメリカのロールモデルを、あたかもグローバル・スタンダードの女性像として提示していること、これが問題だと思います。

あまりこういうことを言う人はいませんけれど、アメリカの女性は、世界に類を見ないくらいに奇妙なポジションにいます。だから、アメリカの女性を基準に取るというのは、ちょっとまずいのです。

フェミニストの批評家たちは、アメリカ文化というのは女性嫌悪の文化だ、ミソジニー（女性嫌悪）の文化だと指摘しますね。この指摘は正しいのです。

世界を見渡してもあれだけ女性が嫌いな国はちょっと類例を見ません。

たとえば、アメリカ映画というものは、ほとんど「女性嫌悪」映画と言ってさしつかえありません。男は女に苦しめられたり、裏切られたりすることによって、成長を遂げたり、ロマンチックな回想を手に入れますが、女性は、だいたい最後に排除されるか、死んで終わりです。

『私を野球につれてって』という、一九四〇年代のミュージカル映画があります。この脳天気なミュージカルこそもう典型的なミソジニー映画です。

フランク・シナトラと、ジーン・ケリーの二人の野球選手がいて、そこにエスター・ウィリアムズ扮《ふん》する女性オーナーがチームのオーナーだった父の跡を継いでやってきます。

そういう話のパターンは、ほかにもたくさんありますね。『メジャーリーグ』もそうだったし、男ばかりの世界に権力を持った女性がやって来てひっかき回すというパターンは、昔からアメリカ人の大好きな説話原型なのです。

『私を野球につれてって』では、男たちの中で一番ワイルドでマッチョな奴（ジーン・ケリー）がチームの女性オーナーであるエスター・ウィリアムズをものにして、ハッピーエンディングになると思いきや、彼はチームメイトを選んで、彼女と別れて去ってゆくのです。女ではなく、男たちとの団結のほうを選んだといって、みんなで万歳となり、女性は指をくわえて幕は閉じます。

実はこれ、ハリウッドの西部劇に共通する非常に好まれた説話原型なんです。その話をちょっとします。

アメリカ人の性的トラウマの起源の一つは明らかに開拓時代にさかのぼります。一七、一八世紀にヨーロッパから大量に移民がやって来ました。当時女性は東部にとどまっていて、フロンティアまで行った女性はごくわずかです。『西部開拓史』の中でデビー・レイノルズが「カリフォルニアに行けば、男四〇人に女は一人よ」という台詞《せりふ》を吐きますけれど、そういう男女の異常な人口比率の歪《ひず》みは、一九世紀の終わりまで続きます。

当然ふつうに結婚したり恋人になったりするような女性は絶望的に希少なのです。女性一人を数十人の男たちが奪い合い、結局一人だけしか選ばれない。後の男は全部指をくわえてそれを見ていなければならない、というのがフロンティアの男女関係の基本構造なのです。

『黄色いリボン』では、ある程度育ちのよい将校クラスの何人かが、とりあえず求愛者のポジションを獲得します。ふつうの騎兵たちには、もちろんそんな資格さえ認められません。将校たちの間でもさらに壮絶な競い合いがあり、インディアンと戦って死んだりして、生き残った男がようやく念願の彼女をゲットする……というふうに、一九世紀のフロンティアでは、「一人の男が、自分専用の一人の女を確保する」ということは、生き残りレースの勝者にだけ許された特権だったのです。

この生き残り戦が、フロンティアの男たちにどれくらいの心理的なストレスを与えたのか、これは想像に難くありません。絶望的な女性の希少性を考慮すれば、ほとんど確実に自分のDNAは次世代には残せない。この存在論的不安がフロンティアにおけるアメリカ男性の原体験なのです。

トラウマは、物語の水準で克服するしかありません。これはフロイトの教える通りです。そこで、アメリカ人は、このトラウマを癒《いや》すための物語を組織的に語り出すことにしました。

それが西部劇である、というのがぼくの解釈です。

女なんてろくなもんじゃない、男同士の友情が一番大事なんだ、女が選ぶ男は、ろくな男じゃない。女はいつも「間違った男」を選ぶ。ほんとうの男は、女に選ばれることなく死んでゆく、というのがハリウッド西部劇が選んだストーリーラインだったのです。

二〇世紀のはじめ映画の中心がハリウッドに移る以前からも西部劇は作られていました。D・W・グリフィスだって、ニュージャージーで西部劇を撮影していたのです。でも、それは「東部の人間が作った西部劇」でした。カウボーイを演じたのは、ニューヨークのボードビリアンでした。ですから、最初期のカウボーイ・アイドルであったブロンコ・ビリーを演じた〝ブロンコ・ビリー〟・アンダーソンは乗馬も射撃もできなかったのです。

「ほんもののカウボーイ」たちがスクリーンに登場するのはハリウッドからです。最初のハリウッド発の西部劇スター、トム・ミックスは元テキサス・レインジャーでワイルド・ウェスト・ショーの花形という「ばりばりの西部男」でした。フロンティアが太平洋岸まで及んで、失職したカウボーイたちが西部劇のエキストラに大挙して採用されるに及んで、西部劇はいきなりある種の荒々しいリアリティを獲得したのです。それと同時に、フロンティアの男たちに染みついていた女性観も映画の中に持ち込まれることになります。

トム・ミックスの映画『彼女をロープで捕えて』(一九一六)はハリウッド最初の「開

拓者自身によって作られた西部劇」ですけれど、この映画はほとんどアメリカ的な女性嫌悪説話だけでできた映画です。

これは、トム・ミックスともう一人の陽気なカウボーイが牧場主の娘に恋をして、恋の鞘当《さやあ》てを演じるが、二人ともふられて、結局、その娘が「ろくでもない男」と連れだって去るのを見て、男同士が笑って友情を回復するという、ただそれだけの話です。当時の映画は上映時間約一〇分くらいですから、この映画は、まさに「その話だけ」でできているわけです。

この映画の山場は、タイトルにあるように、二人のカウボーイが牛を捕まえるのに使ったのと同じロープで彼女を縛り上げようとして彼女の不興を買うシーンですが、このシーンが暗示しているように、女性は彼らにとって、おそらく「家畜」の一種と見なされていたのです。

「男だけの集団」に「希少性ゆえに決定権を持つ女」が侵犯してきて、男たちの「ホモソーシャルな集団」の安寧秩序を乱す。しかし、女はその罪ゆえに、男に棄てられ、女を棄てた男はふたたび男たちだけの集団に立ち返る。こうして、女の侵入によって一時的に解体しかけたホモソーシャルな集団は、ふたたびその統一性を回復する……という自己治癒の物語がこうして西部劇の一つの定型をなすことになるのです。

もちろん、フロンティアはもう消失しているし、「女に選ばれなかった」膨大な数の男たちはもうみんな死んでしまい、その骨は西部の荒野に埋められています。しかし、「もう死んじゃったから、どうでもいい」というものではないのです。子孫を残すことなく、その名を記憶する人も残せなかった数十万の死者たち、その人たちがいたおかげでアメリカという国の今日の姿はあるのです。これを見捨てることは人類学的にも、社会心理学的にもできないことです。死者は正しく鎮魂されねばなりません。

人類学が教えるように、死者を安らかに眠らせるというのは生者の重大な仕事です。死者が「それを聞くと心安らぐような弔いのための物語」を語り継ぐこと。それが、死者が蘇《よみがえ》って、生者の世界に災禍をもたらすことを防ぐための人類学的コストなのです。

別に鎮魂の儀礼をしないと幽霊が出てくるというオカルト話をしているのではありません。そうではなくて、「憾《うら》みを残して死んだ者」を弔うことを怠ると生者に災いが降りかかるということについては、旧石器時代以来、世界中のすべての社会集団が合意に達しているという人類学的事実を述べているだけです。「幽霊が化けて出る」と言っているのではなく、「幽霊が化けて出る」という信憑《しんぴょう》を持たない社会集団は存在しない、という事実を申し上げているのです。

ハリウッド西部劇映画はそのような鎮魂のための物語だとぼくは思っています。ですから、そこでは女性は男に棄てられ、集団から排除され、孤独のうちに死ぬことを運命づけられているのです。

でも、それはアメリカ男性がもともと父権制的であるとか男性中心主義的であるとかいうことではありません。ある国民のエートスを形成するのは、その国民が「どういう経緯で形成されたのか」についての物語、建国神話、ナショナル・ヒストリーです。

アメリカにはたまたま、女性が希少であるような性的不均衡の場所を二世紀にわたって維持し続けることなしには国土を開拓しえなかったという歴史的条件がありました。そこで空しく死んだ死者たちがその後のアメリカ社会に災禍をもたらさないように、アメリカ社会は「ミソジニーの物語」をせっせと、ほとんど聖務日課を執り行うような誠実さを込めて、生産し続けてきたのです。

文学でも事情は同じです。

アメリカ文学もまた映画と同じく「傷つけられた男の癒し」という大テーマを温存させています。

フェミニズムがアメリカではなばなしく成功した理由もここにあるとぼくは思っています。なにしろ、これほどあからさまに女性の排除の物語を量産してきた社会は世界でアメリカだけなんですから。フェミニズム批評理論が、アメリカ文学は「男性の文学である」

と看破したのは、だからまったく道理に適《かな》ったことなのです。

そして、だからこそ、アメリカにおけるミソジニーの分析をそのままグローバル・スタンダードにすることはできない、とぼくは考えているわけです。

だって、「そんな国」は世界でアメリカだけなんですから。

自国だけのローカルな習慣を「世界はすべてそうあるべきだ」と拡大解釈するのは、アメリカの「病気」みたいなものです。

今の日本社会が抱えるさまざまな問題の一因は、アメリカという非常に特殊な国の文化をグローバル・スタンダードと見なして、それを「あるべき世界標準」だと思い込んでいることにあるとぼくは思っています。

一八世紀、一九世紀のある期間の、ある限定した地域において起こった、非常に限定的な精神的外傷を一般化するというのは、どう考えても無理があります。日本とアメリカというのは、こと性文化に関しては、歩んできた歴史が違うんですから。

近年のハリウッド映画に出てくる女性主人公というのは、お気づきでしょうが、ほぼ全編怒りっぱなしです。ずっと怒って、怒鳴って、男をはり倒したり、口から唾《つば》吐いて自己主張して、それで自己実現して、素晴らしい大成功収めましたという類の、後味の悪い話ばかり目につきます。

映画『エリン・ブロコビッチ』は、口の大きいジュリア・ロバーツ（法律事務所のアシスタント）が、公害訴訟して、何億ドルか取って大金持ちになるという話ですが、彼女ははじめから最後まで、もうみごとなほど怒鳴りっぱなしです。とりあえず「まあまあ」と調停に入る人とか、ジョークを言って緊張した場を和ませる人とか、他人の責任をわが身に引き受けて人を責めない人とか、そういう女性登場人物は、ハリウッド映画にはほとんど一人も出てきませんね。

ここ一番、というときになると、必ず男女の間で言い争いが始まります。さっきまで菩《ぼ》薩《さつ》のような顔をしていた女性が夜叉《やしゃ》のごとき形相に変じ、男を再起不能的に傷つけるというシーンが必ず用意してあります。

これを「自立する女性」を肯定的に描いた「ポリティカリーにコレクトな」物語であるとほめたたえる批評家がいますけれど、それはまるで勘違いだと思いますよ。だって、ハリウッド映画に出てくる女性は全部「嫌な女」なんですから。わざわざ「嫌な女」を「女性観客の支持を受けるはずのキャラクター」として提出しているんですから。

物語の中で、ヒロインは、はなばなしく成功を収めることを通じて、実は罰を受けているわけです。つまり、「はい、このような女が今のアメリカではサクセスする女なんです。最低の女だと思いませんか？　きっと、この女にはろくな未来は待ってないでしょうね。

ザマミロですね」というような暗黙のメッセージが画面からびしびし伝わってくるように物語は造型されているのです。

これは、もうアメリカ社会に取り憑《つ》いた業のようなものだと言ってよいでしょう。

登場人物の性を入れ替えてみれば、すぐ分かります。

年がら年中怒ってばかりいて、いつでも口うるさく自分の権利を主張し、ドアをバアンと閉めたり、お皿を叩《たた》き割ったり、電話を投げたり、長年連れ添った恋人を「覇気がないから嫌いだ」と言って棄てるような男が、みごとに大成功し、彼女の愛をゲットしましたという話があったとして、いったい誰がそんな話に共感するでしょう。

だけど、この同じ主人公を女性にすると、あら不思議、これが「自立する女性を描いた映画」だと批評家に絶賛される。

でも、そんなはずないですよ。ほんとうは誰だって、そんな映画見たら嫌な気分になるに決まってます。誰だってうんざりします。それをあえてヒロインに仕立てて、そういう女がアメリカではサクセスする女なのだ、という物語を量産し続けるというのは、底意があるとしか思えないです。

そんな変な主人公が繰り返し出てくるのはアメリカ映画だけです。

日本映画を考えてみて下さい。

八〇―九〇年代に、マイケル・ダグラスがそういう「ミソジニー映画」を量産していた頃（『ローズ家の戦争』『危険な情事』『氷の微笑』『ディスクロージャー』『ダイヤルM』）、日本にそれに類する映画があったでしょうか？

その時期の日本映画で最大のヒットは宮崎駿《はやお》の映画です。「空飛ぶ少女」たちの自己犠牲と澄んだ知性と諧謔《かいぎゃく》精神と冒険心を謳《うた》い上げたアニメ映画に日本中が熱狂していたわけですが、ここにはアメリカ的なミソジニーの徴候はほとんど見出《みいだ》すことができません。

それは日本社会が事実の水準で男性中心主義的でなかったということを意味するものではありませんが、少なくとも幻想の水準では日本社会が「女性を排除し、男だけで集団を作る」ことを礼賛しなければならないような人類学的理由を持っていなかったということを意味しています。女性は排除されなければならない、男は男だけで充足しているべきだ、というような「祈りのことば」を捧《ささ》げないと鎮魂できないような「死者たち」をぼくたちの社会は持っていなかったのです。

そのような国情の違いを考えないで、アメリカの女性の生き方をそのままグローバル・スタンダードに読み替えるというのは、危険なことだと思います。

今のアメリカ女性はほんとうにきついポジションにいます。

表面的にはフェミニズムやアファーマティヴ・アクションやポリティカル・コレクトネスなどの制度に支援されて「審判者」や「告発者」の地位に置かれていますけれど、それはいわばあえてしつらえられた「憎まれるポジション」です。そういうところにアメリカの女性は置かれている。その一方で、日常生活では男女平等で、同じアメリカン・スタンダード（能力のあるものだけが生き残る）の苛烈《かれつ》な競争にさらされている。そして、社会の裏面では壮絶なＤＶ（ドメスティック・バイオレンス）やレイプや殺人の標的になっているわけです。そういうめちゃくちゃにタイトな条件の下で生き延びるために必死に戦っているのがアメリカの今の女性です。

「告発する」ということは、「告発される」側の憎しみを引き受けることです。「勝つ」ということは、「負けた」人間の嫉妬《しっと》を引き受けることです。「成功する」ということは「成功できなかった」人間の邪眼にみつめられることです。

こういうポジションを強いられているということは、見方を変えて言えば、とても不幸なことだと思うのです。

どうして、世界中の女性が、そんなねじれた女性の社会的立場をモデルにしなくちゃいけないのか、ぼくにはそこのところがよく分からないのです。

「もう、そういうの、やめない？」というような批評的な構え方があってもいいんじゃないですか。

別に全員がそうする必要はありませんけれど、「もうサクセスとか『勝ち組』とか言うのやめない？　疲れるし」ということを、これまでばりばりやってきた女性の方が進んで言い出さないとまずいんじゃないかと思うんですよね。

お金も成功も権力も威信も情報も、そんなものどうだっていい、小さくてもほっこりとした幸せがあれば、ということをきちんと発言する人が、大人の女性の中からもっと出てこないと、今の若い女性のストレスフルな状況はなかなか変わってゆかないような気がします。

女性が働くことの意味

フェミニズムの古典、『第二の性』（一九四九）という本の中で、シモーヌ・ド・ボーヴォワールが主張しているのは、平たく言ってしまうと、「男の持っているものを女性も持ちたい」ということでした。権力と社会的地位と高い賃金。

こういう権利請求は、一見すると正当なんですけれど、その前提には、「権力や資産や社会的威信はよきものである」という考えがあります。これはちょっとまずいんじゃないかとぼくは思います。

男の持っているものを女にも分かち与えよというのは、男が「よいもの」を独占しているという前提があるからこそ言えることばです。

ぼくはこれをフェミニズム的「奪還論」と呼んでいるんですけど、奪還論的構成になった瞬間に、フェミニズムは彼女たちが「男性中心主義社会」と呼んでいる社会の価値観を半分肯定してしまうことになります。だって、そうですよね、「男が価値があると思っているもの」には「価値がある」ということに女性も同意した、ということなんですから。「男性中心主義社会」の価値観を半分肯定しておいて、「男性中心主義社会」を改良する、というのは難しいですよ。「奪還論」的な考え方を採用している限り、「女性の男性化」は必然の帰結だからです。

六〇年代に、フランスのENA（国立行政学院）という超一流校に女性第一号の人が入学したことがありました。はたして、これはフェミニズムにとって、喜ぶべきことか悲しむべきことかという議論が当時フランスで沸騰しました。

ENAの卒業生になるということは、今まで男性だけが占拠していた、国の行政機構のトップをめざすエリートコースを進むということです。これは、女性の社会進出が進んだことの喜ばしい兆しなのか、それとも女性が男性的な価値を受け容《い》れてしまったという敗北宣言なのか。ボーヴォワールはこの問題でずいぶん悩みます。

一部のフェミニストは、女性の社会進出を進めることは、今ある既存の男性的価値観を肯定することになることに気づいていました。「男性中心主義社会」を批判しておきながら、それが「価値あり」とするものに同じく「価値あり」とするのは、「男性中心主義社会」を承認し、それを強化することになるのではないかという反論がなされたのです。

ボーヴォワールはこの反論を退けて、男女が平等になる「理想社会」が到来するまでの過渡期には、「できる女」はどんどんエリートになって、社会的資源の争奪戦に加わるべきだという結論に至りました。このボーヴォワールの選択が、その後半世紀にわたるフェミニズム奪還論の基本路線を決定することになります。

この論争に見られるように、フェミニズムのアキレス腱《けん》は、今の社会的リソースの公正な分配を要求する限りは、必ず「分配されるものには価値がある」ということを前提にしなければいけないという点です。

でも、いわゆる「社会的資源」と言われるものには、それほど価値があるのでしょうか。問題は、男たち自身は、「そんなもの」にほんとうはたいした価値があるとは思っていないことです。

だから、「そんなこと」のためにはそれほどがんばらないのです。仕事そのものは、のめり込むと愉《たの》しいからついついやるけれど、それは「仕事が愉しい」からやっているわけで、その結果もたらされる「高い地位、高い賃金、高い威信」は、必ずしも仕事の第一目的ではない。少なくとも、「大きな仕事」を成し遂げる男たちは、まず例外なく地位や賃金や威信を求めていません。まわりから押し付けられてしぶしぶやった仕事であったり、まわりが「やめろやめろ」というので、なんだか急にやりたくなった仕事であったり、あるいは社会のためとか弱者のために、何か「よいこと」をしてあげようというような「仏心」を出してやったことだったり……そういう変てこな動機で始めた仕事がしばしばめざましいサクセスをもたらすということがあります。欲しがると手に入らない。欲しがらないと向こうからやって来る。そのことを男たちは何となく知っているのです。

ですから、ENAに入学した学生について、もしぼくがコメントを求められたら、「官僚仕事が三度の飯より好き、お国のためになら寝食忘れて働きます」というタイプの人ならオススメですけど、「高い地位……」というようなものを求めておやりになるのなら、どんなに努力されても、たぶんろくな官僚になれませんよ、とお答えするでしょう。ボーヴォワールとはまるで反対のコメントですけど。

こういうことを言うと問題になりそうですけれど、前に中年サラリーマンの同級生たちと歓談しているときに、女性の管理職の問題ということが話題になりました。ぼくが耳を傾けていたら、あるサラリーマン氏があまりメディアには取り上げられないけれど、根深い問題の一つとして「女性管理職は買収に対して男性より無防備であること」を挙げていました。

見てきた通り、「会社のため」というよりは「私のため」に仕事をするというのがフェミニストの社会進出の動機づけの一つですから、女性が出世した場合に、一番困るのが、「会社の利益より自己利益を優先させる傾向」です。そういう女性は、自分に対する贈り物を「たまたま自分が会社の中で占めているポストと権限」に対する計算ずくの贈り物であるとはとらえず、「自分個人の能力に対する称賛と敬意を示すもの」ととらえがちです。

ぼくはそれを聞いて、なるほどと思いました。

これは別に収賄した女性が個人的に強欲であるかどうかの問題ではありません。働くことそのものの動機づけの違いにかかわることだと思います。

「会社のため」ではなく、「男性が占有していたリソースを奪還するため」に仕事をするという考え方をする限り、贈り物を拒否するべきかどうかは一瞬判断に迷うところでしょう（賄賂《わいろ》もまた「男性が占有してきた資源」の一つであることに変わりはないんですから）。

権力や威信には必ずその「ダークサイド」がついて回ります。余禄《よろく》があり、インサイダー情報があり収賄のチャンスがあります。そういう部分込みで社会的ポストというものはあるわけです。そういう誘惑について、「女性は男性よりも倫理的にふるまうべきである」ということを主張できる人間はいません（もし、そんなことを言う人間がいたら、それこそ「性差別的」な発言というべきでしょう）。

企業活動における最低限の倫理は「滅私奉公」という時代遅れのエートスに支えられています。「公のために」働いているがゆえに、「私」腹を肥やすわけにはゆかないという倫理性は、「公のために」働いているがゆえに、「私」事は犠牲にされてもしかたがないという「社畜」の幻想と表裏一体なのです。

ですから、権力や資産や威信が競合的に追求される場では、底なしのモラルハザードを防ぐために、ある種の「公共性」幻想が不可欠となります。「お国のために」「お上のために」「会社のために」というような「倒錯」が介在しないと、社会はワイルドな弱肉強食の闘争場になってしまいます。

市場経済社会というのは、そういうさまざまな幻想の複合的な効果でかろうじてバランスを保っています。ですから、「社会的資源の公平な分配」という「よいこと」だけをそこから抽出することはできません。社会的資源と込みでそれらの幻想も必ず受益者には分配されることになります。つまり、「男性中心主義的幻想」に「理あり」とすることとなしには、その社会で「価値あり」とされているものを手に入れることはできないのです。ボーヴォワールが思い悩んだ問題は、何も解決されないまま半世紀経った今でも続いています。

この問題を根本から考え直すためには、「働くって、何のために?」という基本の問いにもう一度立ち返る必要があるとぼくは思います。

愛想がよいという型

フランスに行ってびっくりすることの一つは、ふつうの小売店の売り子さんたちの態度があまりに悪いことです。もう、不機嫌な人の見本市です。郵便局とか、銀行の窓口の人とか、ほんとうに愛想が悪い。郵便局に行って切手を買おうと思って並んでいると、局員のおばさんたちが客を放り出して、おしゃべりに夢中になっている。「あのー」と声をかけると、じろりと睨《にら》んで「もう営業時間は終わりよ」と窓口を閉められたことがありました。あんたがおしゃべりしているうちに営業時間が終わっちゃったんじゃないか。目の前がくらくらしましたね。

あまりのことに、「なんでこんなにフランスの人たちというのは愛想悪いんですか」って訊《き》いたら、フランスの友人が「サービスというのは奴隷が主人に向かってすることだっていう意識があるからだ」という説明をしてくれました。「目上の人に向かって、権力関係の中で自分が下位にあるので、やむなくするものが『サービス』というふうに考えてるから、対等な人間だとか、あるいは自分が上だと思っていたい人は、できるだけ愛想悪くするように努力しているんだ」と。相手に対して、愛想が悪ければ悪いほど、社会的なポジションが上がってくるというふうに考えるのがフランス風だそうです。なるほど。

もちろん、フランス人だって同じ人間ですから、他人には愛想よくされる方が嬉《うれ》しいことに変わりはありません。だから、この友人は、日本人はみんなすごく愛想がよくて気持ちがいいと言います。

ヨーロッパの男性が日本人女性と結婚したがる気持ちが分かる気がします。日本の女性はヨーロッパではすごく人気がありますけれど、それは、「意味もなくにこにこしてる」からです。

意味もなく愛想がいいということこの日本女性のマナーを「けしからん」と言って非難する人がいます。「もっと毅然《きぜん》として、自分の意見を堂々と述べろ」と。でも、これはこれで別にいいんじゃないの、とぼくは思います。

愛想がいいというのは、すごく良質な文化です。他人に向かって親切にしてあげることが自分にとって屈辱的なふるまいだと思うような文化よりもぼくは日本の方がずっと好きです。クライアント・フレンドリーは日本が世界に誇る伝統文化ですよ。

六〇年代日本の驚異の経済成長というのは、もちろん技術力や勤勉さもありますが、根本にあるのは、ユーザーと相対したときのビジネス側の「ユーザー・フレンドリー」の精神がずいぶん関係していたんじゃないかとぼくは思っています。相手の意に添うように気配りをしつつ、ビジネスを進めていくという日本のビジネススタイルは戦後の経済成長に大きく寄与したとぼくは思っています。

愛想よくするというのはできあいの「型」です。

「商人の型」というのは愛想よく応対すること、という常識があって、その「型」を演じるというかたちでクライアントに接する。フランスの店員みたいに、いきなり「個人」の素顔をクライアントに向けない、というのはよくできた装置だと思います。だって、そういう型にはまっているからこそ、仮にクライアントに横柄な対応をされたとしても傷つかずに済むわけですから。

高校の文化祭で、喫茶店なんかやると、クラスの女の子が一斉に出てきて「いらっしゃいませー」って、やるでしょ。別に接客の経験が特にあるわけでもないのに、何でこんなにうまいんだろうってくらいに、客あしらいがうまい。これはそういう文化的バックグラウンドがあるんです。子どもの頃から「お店やさんごっこ」で培った接客のノウハウが身体に染みついているわけです。

サラリーマンだって、学生時代にろくに敬語も使えないような横柄な態度だった奴が、会社に入ったとたんに、一転して愛想よくなったりしますね。家では、母親に向かって「おい、飯」とどなるような奴が、お客さんには、誰にも見せたことがないような笑顔を惜しまない。そういう接客の基本がわりと自然に身についている。そういう意味で、日本人は「対面的なサービス」の文化に伝統のある国民なのだと思います。

これは日本の貴重な文化的財産だと思います。

よく日本人はイエスと言いながらノーと言うと批判されます。確かにこれはその通りで、なかなかきっぱりと断りきれず、イエス、イエスと言いながらじりじりと後ずさりするというのも、日本人の特徴です。できるだけ角を立てたくない、あまり相手に嫌な気持ちをさせたくない。「ノー」と明言しないで、できるだけ相手を傷つけないようによけいな気を遣うことを「分かりにくい」と言って怒る人もいます。それももっともですけれど、その一方で、こういうあいまいな姿勢で救われるということだってあるんじゃないかと思いますよ。

恥じ入ったり、反省して「これからはきっぱりノーと言おう」というような方向じゃなくて、「こういう日本式のやり方もありますよ」って、世界の人々に知らしめていくということだってあっていいと思います。現に「日本の人は感じがいい」って思っている外国人がいるんですから。

あるフランス男性が言った印象深いことば。

「フランス女はあらゆることについて、きっぱりとした意見を述べる。自分が知らないことについてさえ」

どちらがいいとは言えませんが、知っていることについてさえきっぱりとした意見を差し控える、というのは人間のマナーとして決して悪いことではないとぼくは思いますけどね。

ビジネスとレイバーの違い

マーケットのよいところは、原則として、クオリティのよいものをリーズナブルな価格で提供すれば、評価してもらえるということです。

自分があるビジネスモデルを創り出したとき、そのモデルが正しいか、正しくないかの検証が非常に速い。マーケットがすぐに答えを出してくれます。失敗したときに「私が正しくてマーケットが間違っていた」と言い張っても別に構わないんです。ただ、そういう人はビジネスの世界からは退場しなければなりません。

人間が生きている中で、ビジネスほど「分かりやすい」ゲームはほかにありません。愚かな人と利口な人がビジネスをしたら、必ず利口な人が成功する。正直な人間と不正直な人がビジネスをしたら、必ず正直な人間が成功する。クライアントの利益をまず配慮する人間と自分の利益をまず配慮する人間がビジネスをしたら、必ずクライアントに配慮する人間が成功する。

そういう点では、ビジネスはほかのどんな種類の人間的活動よりも「合理的」な世界でしょう。

気づいていない人が多いのですが、ビジネスの愉《たの》しさは、お金が儲《もう》かることではなく、何か新しいことをすると、その結果がすぐに出る、その「反応の速さ」にあります。これは、「マーケットは間違えない」という前提の下、全員が一つのルールに対して同意し参加しているゲームです。

ほかの人間関係はこれほどには分かりやすくはありません。

一生懸命努力しても報われないことは多々あります。多くの人がお家にいるよりも、会社にいる方が好きなのはだから当然なんです。

家の中の人間関係の方がビジネスよりずっと難しい。

昨日は妻にこう言ったら、こう答えた。でも、今日こう言ったらまるで違う答えが返ってきた。去年は誕生日にこれを上げたら喜んでくれた。今年同じものを上げたら、妻は青筋を立てて黙って去っていった。おい、いったい何を考えてるんだよ……。

ビジネスは、自分自身が変化したり工夫したりしたことの結果がすぐに評価される。自分自身の仕事のクオリティがとりあえずすぐに検算できる世界です。

「ビジネス」というのは、そういうものです。

「レイバー」はそれとは違います。この二つは別物です。二つとも「仕事」と訳されますが、この二つは違うものです。

今の若い人たちの多くは、「仕事」というとレイバーしか知りません。

暮らしていける最低限のレイバーだけして、お金を稼いで後は好きなことをして暮らしたい。それなら、働くのは時間の空費であり、苦役でしょう。

そんなものなら嫌いで当然です。

「一律時給七五〇円」という賃金は人間を腐らせます。

だって、全員が時給七五〇円で働いていて、人よりがんばっても、せいぜい「来月から時給七八〇円ね」という程度です。マニュアル化された、誰がやっても同じような仕事をあてがわれて、そこでは仕事のクオリティを高めたり、創意工夫を凝らしたりする余地がほとんどありません。だから、勤務期間の長さとか、遅刻の回数くらいしか差別化のデータがないのです。

やることは決まっている、うまくやっても別に誉められないし、決まった通りのことをしなかったら怒られる、そういうのがレイバーです。それはビジネスではありません。

こういうことを言うと怒る人がいるでしょうが、ぼく自身の経験から言っても、レイバー的なアルバイトからは、時給以外に何も得るものがありません。マニュアルがきちんと決まってるようなバイトの場合は、一〇年間やってもたぶんそれを通じて社会的なスキルが身につくとか、人間的な成長を遂げるということは期待できないでしょう。

ファーストフードやコンビニ業界のシステムが分かったり、そのダーティな裏面を知ったりする、という程度の情報は得られるかも知れませんが、それが人間的成長に資するということはほとんどないでしょう。

そういう仕事はビジネスではないからです。

レイバーではあるけれども、ビジネスではない。

そして人間がその能力を吟味され、努力が報われ、才能が評価されるのはビジネスの場だけなのです。

人は自分が人間的な美質というものを持っていれば、必ず評価されるという、そういうマーケットの現場に身を置くべきです。自分がやったことがちゃんと反応として返ってくる環境です。

それは企業の規模、資本金とかは関係ありません。

では、ビジネスとレイバーの違いはどこにあるのか、それは「リスク」と「責任」ということにかかわってきます。

ビジネスにおいては、リスクを取る人間が決定を下します。

デシジョン・メイキングはリスク・テイキングと表裏一体です。

リスクを取ることと引き替えに決定権を受け取り、それが成功したら報酬が得られる。失敗したら責任を取らされる。

単純な話です。

「自分の責任持てる範囲でリスクを取ります」と言ったら、その範囲内で「その件に関しては君は決定していいよ」と任されます。そうやって、デシジョン・メイキングをして、その決定がうまくいった場合には、次の機会におけるリスク・テイクの範囲が拡がります。

「今度はここまでリスクを取ります」という申し出に対して、前よりも大きな決定権が交付されます。

リスク・テイクの範囲が拡がると、決定権を行使できる範囲が拡がる。

単純な話です。

でも、この単純な話がなかなか複雑なのです。

というのは、もうここまでの記述でお気づきでしょうが、優れたビジネスマンは「リスクを取る」と言いますが、凡庸なサラリーマンは「リスクを負う」と言うからです。

「リスクというのは負わされるものだ」というふうに思う人は、リスクをできるだけ回避しようとします。

確かにリスクは回避されますが、リスクを取らない人間は同時に決定権をも回避することになります。そういう人はビジネスには参加できません。

「俺がリスクを取る」と言った人がそのビジネスに関する決定権を持ち、リーダーになるのです。「リスクを負いたくない」と言ってリスクを取ることを忌避して、決定権を他人に譲った人間はレイバーを担当するしかありません。

ビジネスとレイバーの差は、ですから常雇《じょうやと》いか臨時雇いの違いでも、時給やポストの格差でも、資本金の規模でもありません。その人が「リスクを取る」という決断をできるかどうか、その一点にかかっています。

秘書や身内が収賄をしたのが発覚したときに、政治家が「私はあずかり知らぬことだ」と言って身の潔白を言い立てるさまを見て、ぼくたちは「卑しい」という印象を受けます。これはぼくたちの印象が正しいのです。

その政治家はリスクを取ることを拒否することで、自分は秘書も家族もコントロールできないほど無能な人間である、ということを満天下に告知したわけです。ぼくたちの社会では当事者能力のない人間については、その責任を求めないという取り決めがあります。ですからぼくたちはそのルールを適用して、この政治家を「当事者能力のない困った人」という理由によって免罪するわけです。そして、免罪した後、「どうして、秘書や家族の不始末の責任さえ取れない人間が国民に代わって国政の責任を取るということができるのだろう？」と考えて、暗い気分になるのです。

経営破綻《はたん》した企業や不祥事を起こした企業の経営者にしても、経営責任を取らずに、「在職中に事件化しなければいい」として、責任を先送りして、やはりリスクを取ることを拒否した人たちです。

ぼくたちが「こういう人間には決定権を委《ゆだ》ねたくないなあ」という印象を持つのは、要するに彼らが「リスクを取らない人間」だからです。リスクを取らずに決定権だけ要求する図々しい人物たちがぼくたちの国のトップにぞろぞろ棲息《せいそく》しているという事実に、ぼくたちは暗澹《あんたん》たる気持ちになるのです。

リスクというのはビジネスマンに限らず、およそ社会人にとっては忌避すべきものではなく、むしろ歓迎すべきものです。それは別に冒険心を持てとかベンチャー精神はたいせつだとかいうようなロマンティックな物語ではなく、きわめて日常的でシビアな「人としての基本」のことだとぼくは思っています。

ぼくがレイバーに明け暮れる人たちに言いたいことは、リスクのないところに決定権はなく、決定権のない人は責任の取りようがなく、責任を取らない人間は「信義」の上に成立する社会関係にはいつまで待ってもコミットすることができないだろうということです。

ビジネスが汚れた時代

バブル期は、結果としてお金がたくさん手に入るのが成功とされた時代でした。何をやってもとにかく儲《もう》かればいい、という人間のさもしさが前面に出たすごく「卑しい」時代だったと思います。ビジネスほんらいのルールが忘れ去られ、人々が争って不動産売買や株式運用や為替《かわせ》の売り買いに明け暮れていた、個人的印象を言わせてもらえばほんとうに嫌な時代でした。バブル経済の時代をいまだに懐かしがる人がいますが、どうしてあんな時代が懐かしいのか、ぼくにはぜんぜん理解できません。

八〇年代の中頃に高校のクラス会があって、そのとき三十代なかばだった同級生たちが熱心に株と不動産の話で盛り上がっていたのをぼくは一人でしらじらと眺めていました。「ウチダはどうして株やらないの?」と訊《き》かれて、「お金は働いて稼ぐもんだろ」と答えて、満座の冷笑を浴びたことをまだ覚えています。

その考えは昔も今も変わりません。お金は額に汗して働いて稼ぐものです。額に汗して、汗した分だけ戻ってくるというのが労働の健全なあり方です。たいして努力もせずドカンと返ってくる、ちょっとやったら今度は失敗して大損する、そういう賭博《とばく》性は人間の心を目に見えないかたちですが、ずいぶん損なうように思います。

ぼくがギャンブルをやらないのは、たぶんそのせいです。もちろん、「ギャンブルがいけない」と言っているのではありません。やりたい人はどんどんおやりになればいい。ぼくはやらない、というだけのことです。

宝くじを買ってうっかり三億円当てたりしたら、ぼくの価値観は根底から狂ってしまいます。自分の価値観が狂うことと三億円を引き替えにするのは、ぼくにとっては不利な取り引きです。ぼくは徹底的にビジネス・マインデッドな人間なのでそんな不利なバーゲンはしないのです。

それでも言わせてもらえば、「濡《ぬ》れ手で粟《あわ》」という経験はバブル期を過ごした人々にとって、いまだに深い心の傷になっているとぼくは思います。本人は気がついてないでしょうけども、自分がたいしたものを提示してないのに、ものすごいリターンがあったという経験はその人の価値観に混乱を来します。「濡れ手で粟」というのは、少しもよいことではありません。価値観が混乱すると、ほんとうに大事な決断のときに、選択を誤らせるからです。

バブルの頃は女子学生にすごく「高値」がついた時代でした。「パパ」を持って、港区あたりのマンションに住んで、ＢＭＷに乗ったりしている学生などさえおりました。若干の性的サービスの代償に毎月数十万円もらっている、というようなことしてると、人間の根本が歪《ゆが》んできます。「お得だった」なんて言う人もいるかも知れませんが、ほんとうはすごく損な取り引きなのです。価値観が狂うというのは、一生癒《い》えない傷ですから。

売春というのは厳密には「身体」を売るのではなく、「身体を売るような人間である」という社会的評価を受ける代償に金を受け取るということです。

みんな勘違いしているけれど、買春する男というのは、身体的快楽のために金を払うのではありません。「この女は金で身体を売るような人間だ」という人間を貶《おとし》めることのできる立場を得るために金を払っているのです。
人間が無意味な金を払うのは、幻想に対してだけです。

勝ち組、負け組ということばはさもしい

インキュベーション・ビジネスという、ベンチャーの若い人たちのために資金集めをしてマッチメイキングしてる友人がいますが、彼は絶対に資金を出さない基準を一つ持っています。「勝ち組／負け組」ということばを使う人間にはお金を出さない、というのがそれです。若いくせにそういう勝ち負け思考にとらわれている人間は決してビジネスに成功しないというのが彼の経験則です。

ベンチャー精神を考えるさい、日本とアメリカではずいぶん文化的土壌が違います。アメリカ人で、成功したいという人間に向かって、「それはさもしい」と言う人はいません。でも日本では「成功して勝ち組になりたい」と言うと卑しい感じがします。ぼくはこの「卑しい感じがする」という感受性はけっこうたいせつだと思っています。

ベンチャー起業家と投資家のマッチメイキングには実は根本的な矛盾があります。ほんとうに実力のある起業家の多くは投資されることを嫌う人たちである、というのがその矛

盾です。ベンチャー起業家というのは、まさに自立を重んじる人たちで、いくばくかの投資の見返りに、短期的に利益を出せだとか、経営方針に口を挟まれるくらいなら、貧乏に甘んじる方がいい、というふうに考える人たちです。そういうガッツのある人こそが、ほんとうの意味で将来性があるわけですが、そういう人は経営に介入するような投資は求めないのです。

今社会的な活力というのは、構成員たちの競争とか、自己実現の欲望みたいなものを担保にしていますが、競争の原理は結局どこかで息切れが来ます。殺伐としたものになります。

アメリカ企業のモラルハザードを見ていれば分かると思いますが、社会的に地位の高い人は決してモラルの高い人ではありません。その一方で、競争に脱落していった人は「自分は敗者だ」という心の傷を抱え込みます。この社会において自分は不要の人間であると。そういう人々を、組織的に生み出してゆくというのは、社会全体にとっては決して好ましいことではありません。

そういう競争原理を「世界標準」だと思い込んでる人が多すぎます。知識人と称する人たちの中にも、信奉者が非常に多いのが現状です。そういうの、そろそろやめにした方がいいのではないでしょうか。

交換は愉《たの》しい

ドストエフスキーの『死の家の記録』に究極の拷問という話があります。それは「無意味な労働」のことです。半日かけて穴を掘って、半日かけてまた埋めていく。その繰り返しというような仕事に人間は耐えられません。

しかし、同じような労働であっても、そこに他者との「やりとり」さえあれば人間は生きてゆけます。たとえ、穴を掘って埋めるだけというような作業でも、人がいて、一緒にチーム組んで、プロセスの合理化とか、省力化とかについて、あれこれ議論したり、工夫したりしながらやれば、そのような工夫そのもののうちに人間はやり甲斐《がい》を見出《みいだ》すことができます。後で埋めるだけの穴であっても、上手《うま》く掘ったり、手間をかけずに埋めるノウハウを開発して同僚からの敬意を勝ち得るというようなことがあれば、人間はそんな仕事にでも喜びを見出すことができます。

仕事の話で人々が忘れがちなのは、このことです。

仕事の目的は結果として価値あるものを作り出すことではないのです。それなら、どんな手段を使ってもよいということになります。仕事の目的がお金を儲けることなら、効率的でありさえすれば何でもいいはずです。でも、実際にはそうではありません。

人間が仕事に求めているのは、突き詰めて言えば「コミュニケーション」です。ただ、それだけです。

やったことに対して、ポジティブなリアクションがあると、どんな労働も愉しくなります。人にとって一番つらいのは、自分の行いが何の評価も査定もされないことです。応答が返ってくるなら、人間は何でもやります。ピンポンやテニスだって、玉が行って返ってくるだけです。でも、相手がいるから愉しいんです。

ある社会学者の方から聞いた話ですが、昔、まだコンピュータが初期の頃、アメリカで「イライザ」というソフトが開発されたことがあります。「イライザ」は、こちらが何かメッセージを打ち込むと、返事をするソフトです。

「私はウチダです」と打つと「あなたはウチダさんですね」と返ってくる。

「私今日疲れてるんです」と打つと、「あなたは今日お疲れなんですね」。

新しい情報を「イライザ」は伝えるわけではありません。自分が発したメッセージに対して、「あなたのメッセージを受け取りました」というメッセージを返してくるだけです。

でも、これを神経症の治療に使ったら、はっきりとした効果があったそうです。

ただ、ことばを送り、ことばを返すという「やりとり」があるだけで、人間は「もつ」

のです。

要するに、「やりとり」をするのが人間性の本質だということです。それさえ満たされれば、人間はかなりの満足を覚えることができます。「やりとり」というのは、「交換」のことです。

人間は交換が好きなのです。

ネアンデルタール人とクロマニヨン人の違いはここにあるということを三浦雅士《まさし》さんが書いています。

三浦さんによれば、山の民と海の民は収穫物が余ったから物を交換したのではなく、交換したかったからたくさん収穫したのだ、というのです。別に、要るだけ栽培したり、要るだけ採っていればそれで足りたのに、交換することが愉しかったので多めに作るようになった。そして分業が生まれ、階級が生まれ、国家が生まれた、というのが三浦説です。

この解釈は交換の本質を鋭く衝《つ》いていると思います。

近代の資本主義というのは、貨幣というものを中心に動いていますが、マルクスが分析した通り、貨幣はそれ自体には何の価値もない商品です。唯一の価値は、これを持ってゆくと何か交換してくれるという点にあります。

交換することだけに使える商品、それが貨幣です。

だから、お金は退蔵するものではありません。使うものです。交換によって財貨やサービスがどんどん動き回る。ものが動き回るのを見ていると、愉しい。だから、どんどん交換する。

それは会話と同じです。

ことばの贈り物をすると、ことばが返ってくる。その往還の中で、自分があるコミュニケーション・ネットワークの中にいるということが実感される。自分の存在が承認され、必要とされていることが分かる。

だから、ぼくたちはことばを交わすわけです。

恋人同士の会話というのは、「イライザ」と神経症患者の対話とあまり変わりません。「愛してる」「私も愛してる」ということばを延々と繰り返しても、恋人たちは少しも飽きません。

「ねえ、もう君がぼくを愛しているのは分かったからさ。何か違う話しない？　日本経済の今後について、君どう思う？」というようなことを言う恋人たちにはあまり幸福な未来が訪れるようには思われません。

それは、会話のほんらいの目的が有意な情報の交換にあるのではなく、ことばを発する人がこちらにいて、ことばを感謝とともに受け取り、それに返礼する人があちらにいる、という事実そのものを確認することにあるからです。

人類学の用語で、こういうようなメッセージの交換のことを「交話的機能」と言います。「交話的メッセージ」というのは、電話で「もしもし」というのと同じで、「このメッセージはあなたに届いていますか？」という「コンタクトが成立していることを確認するためのメッセージ」のことです。

言語学者のローマン・ヤコブソンは『一般言語学』という本の中で、「交話的機能」の実例として、「新婚夫婦の会話」というのを採録しています。想像できるでしょうが、この夫婦はおたがいに「同じこと」を繰り返すだけです。

「とうとう着いたね」「着いたわね」「いい景色だね」「ほんと、いい景色」「気持ちいいね」「ええ、すごくいい気持ち」……この会話は情報交換のためのものではありません。そうではなくて、「ここにあなたからのメッセージを一言漏らさず聞いている聞き手がいますよ」という事実を告げるためのコミュニケーションなのです。そして、ヤコブソンがいささかユーモアをまじえて引用した通りに、一番愛し合い、一番必要とし合っている人たちの会話では、交話的なメッセージが会話の主体となるのです。

ちょっと脱線しますが、すぐれた作家は、この交話的メッセージを地の文に実に巧みにはさみ込みます。情景描写をしているうちに、ふいに読者に向かって、「ねえ、君も、ここにいて、ぼくの話を聞いているんだよね」というような感じを与える「目配せ」をするのです。

村上春樹の『羊をめぐる冒険』の冒頭は「私」がある女の子の葬式に行ったことを淡々と記述するところから始まりますが、その中で不意に「あの六〇年代」ということばが出てきます。このときの「あの」という遠称は、どこかに「ここ」を想定しないと発せないことばです。そして「ここ」はまぎれもなく、小説を語る一人称の「ぼく」と今その小説を読みつつある「君」が「一緒にいる」時点なのです。

ぼくは何度かこの小説の冒頭を読み返してみて、「どこ」でぼくが「小説の外」にいる読者である状態から「小説の中」の世界に入り込んでしまったのかを点検したことがありますが、それはこの「あの」という指示形容詞の箇所だったのです。太宰治《だざいおさむ》も、交話的な文体の達人でしたけれど、やはり後世に読み継がれる作家は、コミュニケーションの本質を直観しているのです。

世代論

フリーター問題はけっこう深刻です。

先ほどのレイバーの話とつながりますが、ビジネス経験のない若い人たちは「働く」ということを苦役だと思っています。そして、「働く」とは時給の代償の苦役であると思っている人たちは、どれほど苦役の時間を積み上げても、最後まで苦役の仕事にしか結局就けないと思います。

今の若い世代は、世代ごと苦役で生涯を終える労働者になってしまう可能性があります。でも、これは当たり前と言えば当たり前なんです。

だって、みんな横しか見ていないからです。

ぼくはこれを「偏差値的な思考」と呼んでいます。

偏差値というのは、同齢集団、同学年集団の中のどの辺にいるかを示す指標です。それは絶対的な学力を示すものではありません。だから同世代全体の学力がどんどん下がって来ているときには、偏差値ではそれが分からないのです。

三〇年前の偏差値七〇と現在の偏差値七〇は、同じ七〇であっても、実質的な内容が違います。絶対学力は明らかに低下していますが、当たり前だけど、そのことに中にいる人間は気がつかないのです。

競争する人は自分の横しか見ません。上も下も見ないのです。自分よりもうんと年上の人とか下の人を羨《うらや》むということはありません。自分と同年輩の人間が自分の持っていないものを持っていると悔しい。でも、横に並んでいる同齢集団の中で誰も持ってないものは羨望《せんぼう》の対象にはなりません。それは眼中には入らないのです。競争というのはそういうものです。

そうするとある世代が丸ごと「何か」を持ってないけれど、それに気づかないということが起こるわけです。

若い人たちの話題はだんだん些末《さまつ》な違いに集中する傾向にあります。テレビ番組の例一つとっても、生まれた年が二、三年しか違わない人間の間でしか通じない話に異様に熱中したりする光景に出会うことがあります。その世代だけである種のユニットを作って、その中だけで通じる話をして、お互いを基準に自己のスタンスを決めていく。でも、これはかなり危険なことです。

話題のエリアをあえて狭くすることによって、世代の個性を出そうとしているのかも知れませんが、結果的にコミュニケーション能力は落ちてゆきます。参照するものを限定していっているわけだから、自分のポジションを知るときに、ランドマークがほとんどなくなってる状態です。自分がどこにいるのかが、分からないのです。

そういう意味で「世代」というものはけっこう重要な概念だとぼくは思っています。世代論なんて何の意味もないよ、と言う人がいますが、それは短見というものです。

確かに世代「そのもの」にはたいした意味はありません。どんな世代にも優秀な人、愚劣な人、卓越した人、凡庸な人がいます。その比率はどの世代も変わりません。でも、自分がある世代に属しているという「幻想」を抱いたときから、「世代」はリアリティをもって同世代集団を縛り上げてゆきます。自分一人の経験の意味を、横並びの「同世代」的経験の中に位置づけて解釈するということが起こるからです。

ぼくたちの世代は六〇年代に中高生でした。その時代は今から回顧するとたとえば「ビートルズが一世を風靡《ふうび》した時代」というふうに言われます。でもぼくははっきり覚えていますが、ぼくのいた東京の中学で同学年でリアルタイムでビートルズを聴いていたのは四五〇人の中にほんの一〇人ほどしかいませんでした。ぼく自身が各クラスを回って「ビートルズ知ってる奴いる?」という網羅的なアンケートをしたので間違いありません。その一〇人で打ち揃って『A hard day's night』を見に行ったんですから。

後の人たちはジャニーズとか舟木一夫とか坂本九とかを聴いているか、ポップスにぜんぜん興味のない人たちでした。ローリング・ストーンズやキンクスを聴いているのはもう学年に二、三人というのが六四年の東京の中学生の音楽的水準だったのです。

それがどうでしょう。ロック・ミュージックが六〇年代の若者文化のランドマークに認定された「後になって」、同学年の諸君が次々と「私は中学生の頃ビートルズに夢中だった」というふうに回想し始めたのです。

これは明らかに模造記憶です。でも、本人はそう信じているのです。これが「世代」というものの「怖さ」です。自分がリアルタイムでは経験しなかったことを、自分自身の固有の経験として「思い出してしまう」というのが世代の魔力です。

ぼくが世代論の有効性を見るのはこのような「偽造された共同的記憶（コメモレーション）」という幻想の水準の話です。

世代についての誤解のもっとも分かりやすい例は「戦後世代」ということばです。「戦後世代」というと、ふつうは「団塊の世代」のことを連想します。昭和二十年から二十五年生まれくらいの人々が戦後社会の基調を決定したのだ、というふうに。

でも少し考えれば分かることですが、「戦後社会」というのはぼくたちの世代が作ったものではありません。

戦後の日本の復興を担ったのは、明治生まれの人たちです。

だってそうでしょう。ぼくの父は明治四十五年生まれですが、その父は敗戦の年にようやく三十三歳です。まだ白面の青年です。ということは、敗戦直後において政治経済や文化的な活動を実質的に牽引《けんいん》していたのは、明治二十年代、三十年代生まれの人々だったということです。

明治二十年生まれということは、漱石の『三四郎』の年頃の人たちです。三四郎は敗戦の年にまだ五十代なのです。今のぼくの年ですよ。

夏目漱石が四十九歳で亡くなったので、ぼくたちはその小説の主人公たちもまた大正年間に死に絶えたと思い込んでいますけれど、漱石だって生きていれば敗戦の年にまだ七十八歳なのです。今の瀬戸内寂聴《じゃくちょう》や佐藤愛子より若いんです。

みんなが忘れているのは、戦後の奇跡的復興の事業をまず担ったのは、漱石が日本の未来を託したあの「坊っちゃん」や「三四郎」の世代だということです。この人たちは日清日露戦争と二つの世界大戦を生き延び、大恐慌と辛亥《しんがい》革命とロシア革命を経験し、ほとんど江戸時代と地続きの幼年時代からスタートして高度成長の時代まで生きたのです。

そういう波瀾《はらん》万丈の世代ですから彼らは根っからのリアリストです。あまりに多くの幻滅ゆえに、簡単には幻想を信じることのないその世代があえて確信犯的に有り金を賭《か》けて日本に根づかせようとした「幻想」、それが、「戦後民主主義」だとぼくは思っています。

ぼくは一九五〇年代は子どもでしたから、その世代の人たちのエートスをまだかすかに覚えています。小学校の先生や、父親たちの世代、つまりあの頃の三、四十代の人はほとんどみな従軍経験があって、戦場や空襲で家族や仲間を失ったり、自分自身も略奪や殺人の経験を抱えていた人たちです。だから、「戦後民主主義」はある意味では、そういう「戦後民主主義的なもの」の対極にあるようなリアルな経験をした人たちが、その悪夢を振り払うために紡ぎ出したもう一つの「夢」なのだと思います。

「夢」というと、なんだか何の現実的根拠もない妄想のように思われるかも知れませんが、「戦後民主主義」はそういうものではないと思います。

それは、さまざまな政治的幻想の脆《もろ》さと陰惨さを経験した人たちが、その「トラウマ」から癒《い》えようとして必死に作り出したものです。だから、そこには現実的な経験の裏打ちがあります。貧困や、苦痛や、人間の尊厳の崩壊や、生き死にの極限を生き抜き、さまざまな価値観や体制の崩壊という経験をしてきた人たちですから、人間について基本的なことがおそらく、私たちよりはずっとよく分かっているのです。

人間がどれくらいプレッシャーに弱いか、どれくらい付和雷同するか、どれくらい思考停止するか、どれくらい未来予測を誤るか、そういうことを経験的に熟知しているのです。

戦後日本の基本のルールを制定したのは、その世代の人たちです。

明治二十年代から大正にかけて生まれたその世代、端的に言って、リアリストの世代が社会の第一線からほぼ消えたのが七〇年代です。「戦後」世代の支配が始まるのは、ほんとうはその後なんです。

はっきりしていることはその世代に比べると、戦後生まれのぼくたちは、基本的には自分たちの生活経験の中で、劇的な価値の変動というものを経験していないということです。飢えた経験もないし、極限的な貧困も知らないし、近親者が虐殺された経験もないし、もちろん戦争に行って人を殺した経験もありません。貨幣が紙屑《かみくず》になる経験もありません。国家はとりあえず領土を効果的に保持していましたし、通貨は基本的には安定していました。

基本的に戦後日本のぼくたちはまるっきり「甘く」育てられているのです。人間の本性がむき出しになるような究極の経験に現場で立ち会ったことがない。そういうほんとうの貧困も飢えも知らなかった世代の人たちが、七〇年代から社会の中枢を占めてゆくわけです。

極限的なところで露出する「人間性の暗部」を見てしまった経験があるかないかは社会とのかかわり方に決定的な影響を及ぼしただろうとぼくは思います。

「戦後民主主義」というのは、すごく甘い幻想のように言われますけれど、人間の真の暗部を見てきた人たちが造型したものです。ただの「きれいごと」だとは思いません。誰にも言えないような凄惨《せいさん》な経験をくぐり抜けてきた人たちが、その「償い」のような気持ちで、後に続く世代にだけは、そういう思いをさせまいとして作り上げた「夢」なんだと思います。

戦争も飢餓もほんとうのパニックも知らないぼくたちみたいな人間は、人間のほんとうの怖さというのを知りません。極限状況でのエゴイズムがどんなものか、指揮官が責任を取らないとどれほど破滅的な事態になるか、誰か一人が果たすべき任務を怠ることがどれほどの災厄を招くか、そういうことの、ほんとうの恐ろしさを実地には知らないのです。

雪印食品や日本ハムの例などにしてもそうでしょう。みんなが責任を先送りにして、結局会社を潰《つぶ》したのです。誰か一人「これ、まずいですよ、やめましょうよ」と言えば、何とかなった問題です。自分の判断の責任を取る覚悟のある人が一人でもいれば、ここまでなるはずのない問題です。

ああいう違法行為が内部で起きてしまうというのは、サラリーマンたちがもう「横しか見ない人たち」、「平時に慣れきった人たち」になってしまった、ということだと思います。業界では常識、みんなやっているから大丈夫と信じ込める人たちには「会社の外側」の最遠の風景として「同業他社」までしか見えてないのです。その背後にも世界が拡がっているということが想像できないのです。同業者もしている違法行為は違法行為ではないと思い込めるということは、業界の外には「法治国家」があり、法律を犯せば罰される、という当たり前のことが見えなくなっているということを意味しています。

横しか見ない人間、仲間うちが世界の全部であるような人間は、自分たちが「もっと大きなネットワーク」の中にいるという認識が欠落してしまいます。

わずかなはした金のために違法行為を犯すのは、良心の問題というよりは、この想像力の欠如が理由でしょう。モラルが欠けているというよりは、端的に頭が悪いのです。

民主党の議員がわずかな秘書給与を横領して刑事事件で捕まりましたね。それなのに、その後に同じ理由で辻元清美も田中眞紀子も一時的に政治の舞台から退くことを余儀なくされました。この人たちは、「みんな同じ違法行為をしている」ということは違法行為を正当化しない、という当たり前の事実に想像が及ばなかったのです。

よくいますよね、スピード違反をして捕まったとき、「みんな違反しているのに、なんでオレだけ捕まえるんだ」と言って怒るドライバーが。この人は横しか見ていない。自分の同類しか見ていない。その点では、「なんで、私だけが?」と詰め寄る人は、収賄する政治家と同じメンタリティを共有しているのです。

ある集団の全員が違法行為をしていることは、それが合法であることを意味しない、ということこれほど単純なことをあらためてアナウンスしなければならないというのは、けっこう悲しいことですね。

戦後民主主義の話からちょっとはずれてしまいました。

ぼくが言いたかったのは、「暗部を見てしまった世代」は、もっと目線が遠いということです。ある集団内でのローカルな「常識」がどれだけ脆弱《ぜいじゃく》な基盤しか持たないか。ぼくたちの祖父や父の世代は、そういうことの危うさを骨身にしみて分かってしまった人たちだった。けれど、こちらは生まれてから一度も、自分の「常識」が覆された経験を持たない。そこにはずいぶん違いがあるだろう、ということをぼくは言いたかったのです。

「戦後民主主義」が虚構だということをよく知っていたのは、たぶん「戦後民主主義」を基礎づけた当の世代です。それが虚構でしかないことを彼らは熟知していました。ほとんど歴史的な支えを持たないような弱々しい制度であるからこそ、父たちの世代は本気になって、それを守ろうとしたのです。

ぼくたちは父たちの世代が作り上げた虚構の中に産み落とされました。そして、それを「自然」なもの、昔からずっとあるもの、だから、どれほど裏切っても、傷つけても、損なわれないものだと思って育ってきました。

だから、「目線が近い」のです。

自分たちが呼吸している当の社会制度が、「ほんの少し前」に、ある世代の人々の暗黙の同意の上に作られた、ただの「舞台の書き割り」にすぎないということに気づいていないのです。

ぼくたちの民主主義は、ある世代が共同的に作り出した脆弱な制度にすぎません。ちょうど映画のオープンセットの建物のように、表だけあって、裏には何もないのです。それを守るためには、それが「弱い制度」だということを十分に腹におさめておかなければなりません。

自分のいる世界（たとえば業界）が、たまたま出現した暫定《ざんてい》的な制度にすぎず、それができるまでには、それなりの「前史」があり、何らかの歴史的必然性が要請したからこそ出現したものであり、歴史的条件が変われば変容し、ときには消え去るべきものだ、という当たり前のことを分かっていない人があのような醜態をさらすのです。

「戦後民主主義」の最良の点は、社会体制は成員の同意によって作られる暫定的な制度にすぎないという、ロックやホッブズやルソーが説いたような、リアルでクールな社会観に支えられていたということだとぼくは思います。

社会成員が、自分たちが同意した制度を守るために、自分の仕事の「割り前」を果たすという基本的な責務を忘れたら、社会制度はもう持ちません。民主主義は「民主主義を信じるふりをする」人たちのクールなリアリズムによって支えられているものです。

「民主主義ではない制度」はいくらもありえます。成員が民主主義社会を「信じるふりをする」という自分の責務を忘れたら、ぼくたちの社会は別の制度に簡単にシフトするでしょう。民主主義というのは、そのことを知っている人たちの恐怖心に支えられた制度です。

ぼくたちの時代が失ったのは、この「恐怖心」なのだと思います。為政者の腐敗や、官僚の不誠実や、リーディング・カンパニーのモラルハザードのすべてに共通するのは、「この社会はオレが支えなくても、誰かが支えてくれる」という楽観です。

そんな「誰か」はどこにもいない、ということがぼくたちの世代には切実には分かっていないのです。

日本がダメになり始めたのは七〇年代からですが、これはぼくが先ほど言ったように、明治、大正生まれの「怖いものを見た」リアリストたちの世代が社会の第一線から退いたときと符合しています。この世代の退場とともに、日本からはほんとうの意味での「エリート」、つまり「リスク・テイカー」もまた消えたのだとぼくは思います。

III

身体の感覚を蘇らせる

個性ということ

この何十年か、「個性」や「オリジナリティ」の重要性がずいぶん強調されてきました。個性重視というのは、「今・ここにいる・私」を絶対化することです。

でも、個性というようなことばをあまり軽々に使うのはどうかと思います。これはけっこう危険なことばだからです。

ぼくたちがあることを考えたり、感じたりするしかたというのは、実はかなり共同的に規制されている。ぼくたちが共有している「文化の地平」に収まらない異物は、そもそも知覚も思考もされない。

自分では「個性的なものの見方」と思っていることが、ある世代まるごとに共有されている、「縛り」であるということは、同世代や同類たちとつるんでいるだけでは絶対に分からないのです。

ぼくは一年近く、鈴木晶《しょう》さんとメールで往復書簡をしました。

鈴木さんはぼくと一つ違いで、同じような東京の進学校を出て、大学も一緒、その後大学院に行って、やってた仕事にもずいぶん共通点があります。

そういう人と意見交換してみたら、それまで自分の個性だと思っていたもののうちのかなりの部分が、一九五〇年東京生まれの同時代人に共通のものだ、ということに気づかされました。

そういう同世代の共通項を控除して、その後に残るもの、それがとりあえず「私の個性」と呼べるものなわけです。そういう「すり合わせ」をしていかないと、自分が「個性」だと思い込んでいたものが、実はある時代や、ある地域の文化が作り上げてきた「民族史的偏見」にすぎなかったということにはなかなか気づきません。

自分と自分の同類たちを共同的に制約している「縛り」に気づくのに一番効果的なアプローチは異文化との接触です。

たとえば、英語の人としゃべってると、英語では言えないことが自分の中にある、ということに気づきます。

英語で「それじゃ、日本の文化について語ろう」ということになったとき、こちらの口から出るのは、結局ストックフレーズなわけです。英語の本でこれまで読んできて、まるごと覚えたストックフレーズばかりがつい口をついて出てきてしまう。

そういう局面で、ぼくの口から出てくることばは、たいてい欧米の人たちが日本を批判するときの決まり文句です。

しかたがないですよね。

英語でうまくしゃべるということは、英語的なワーディングで、英語的なアクセントで、「いかにも英語圏の人間が言いそうなこと」を再現してみせるということなんですから。

英語話者には思いもつかないようなアイディアは、伝えようとしても伝えられない。だって、それを語る単語や表現を、これまで英語の本で読んだこともないし、英語で話しているのを聞いたこともないんですから。

英語に堪能《たんのう》になるというのは、要するに、英語のストックフレーズをたくさん覚え込んで、英語圏の人たちが「言いそうなこと」を同じような口調で復唱することになってしまうのです。

以前サンフランシスコに行ったときに、帰りの空港のカウンターで、空港職員の態度が非常に悪かったことがありました。長い間人を待たせておいて、だらだら仕事をしているし、割り込む人がいても、それを咎《とが》めもしない。ぼくは二〇分くらい待たされた果てに、腹が立ってきて、ついカウンターをばんと叩《たた》いて、「ぼくは二〇分ここで待っているが、君はさらに何分ぼくを待たせるのか」と怒鳴ったのです。

この瞬間、ぼくは自分の英語があまりに滑らかだったのでびっくりしました。

あ、そうか、英語というのは「私が正しい、君は間違っている、私には権利がある、君には義務がある」というようなことを言おうとすると、すごくスムーズに出ることばなんだ、ということが腑《ふ》に落ちました。「まず怒鳴る」と実にアメリカ的な語り口になるんです。「あ、すみません。勝手なお願いですけど、聞いていただけます？……」とか、「おっしゃることは確かによく分かるんですけども、ちょっと微妙に違うんですよね……」みたいなことを言おうとすると、まるで英語にならない。

英語で語るということは、英語話者たちの思考のマナーや生き方を承認し、それを受け容《い》れるということなのです。

逆から言うと、日本語で思考したり表現したりするということは、日本語話者に固有の思考のパターン、日本人の「種族の思想」を受け容れるということです。

そういうふうにして、自分が「個性」だと思っていたものの多くが、ある共同体の中で体質的に形成されてしまった一つの「フレームワーク」にすぎない、と気がつくわけです。じゃあ、自分はいったいどんなフレームワークの中に閉じ込められているのか、そこからどうやって脱出できるのか、というふうに問いを立てるところから、はじめて反省的な思考の運動は始まります。

「私はどんなふうに感じ、判断することを制度的に強いられているのか」、これを問うのが要するに「思考する」ということです。

若者たちはオリジナルであることが大好きです。でも、彼らが自分のかけがえのない個性だと思ってるものの九五パーセントくらいは、実は「既製品」なのです。

マップする視点

空間的に自分が「どこにいるか」ということは比較的簡単に分かります。しかし、時間の流れの中のどこに自分はいるのか、ということは、「勉強」しないと分かりません。時間の流れの中で自分を位置づけること、それが「歴史的なものの見方」というものです。マルクス主義以来、これが「思考すること」の基本とされています。

たとえば、自分たちの世代を含んだ日本の戦後の文化とか、明治以降の文化や日本の近代以降の中で自分はどういうポジションにいるのか、そういうことを考えるのが、歴史的な発想法です。でも、そういう視点を取る人は、意外に少ないのです。

ぼくはよく「マッピング」ということばを使います。

「マッピング」というのは「地図上のどの点に自分がいるかを特定すること」という意味です。地図の中のどこに自分がいるかということは、「今・ここ・私」を中心にしている限り、絶対に分かりません。当然ですけど。

だって、そうでしょ。「地図を見る」というのは、とりあえず、「今・ここ・自分」をかっこに入れて、そこから想像的に遊離して、上空に仮設した「鳥の眼」から見下ろす、ということなんですから。

想像的に視点を自分から離脱させてみる。視座をどんどん遠方にずらせば、遠方から「自分を含んだ風景」を見ることができる。自分自身を含んだ大きな風景を、都市を、大陸を、地球を、想像できる。高度を上げられる人ほど自分の空間的な位置取りについて、より多くの情報を手に入れることができます。

これが空間的なマッピングです。時間の流れの中のマッピングも原理的には同じことです。

自分がどんなふうに形成されてきたのかを見る、ということです。

自分の家庭や会社や共同体、その網目のどこに自分がいて、どのような機能を果たしているのか。どういう要素の複合効果として自分は出現してきたのか。条件がどういうふうに変われば自分は「消え去る」のか。そういうことを考えるのが「時間的マッピング」です。

自分の「前史」を見通すということですね。

今の自分のものの見方や考え方を絶対視する人とは、要するに「マッピング」する知的習慣を持っていない人のことです。「私は私だ」「オレにはオレのやり方があるんだ」という言い方をよく耳にしますが、こういうことを言う人はあまり頭がよくないと判じて構いません。だって、その人の言う「オレ」の構成要素のほとんどは歴史的に「作られたもの」なんですから。その人とまったく同じような「オレ」がこの人の同世代、同地域には掃いて捨てるほどいるということに、この「オレ」さまはまるで気がついていないのです。「オレはオレだ」と威張っている限り、自分のものの見方が形成された「前史」を知ることはできません。一人で腕組みして、うんうん内省してみても、自分の「前史」は知ることができない。

これはもう「勉強」するしかないのです。

「自分の個性を知る」というのは、「個性的な作品」を作り出すというようなことではありません。

それを勘違いしている若い人が多すぎます。

「これがオレの感覚なわけ」とか「オレだけのこだわり、つうの?」というようなこと言う人、ほんとに頭が悪いと思います。

「自分の個性を知る」というのは、ほんらい「消去法」的な作業なんです。

自分たちの生きている社会の成り立ちを「勉強」することによって、ある世代、ある地域集団の全体にのしかかっている「大気圧」を認識できた人間だけが、それを控除した後になお残っているものを、自分の「個性」として認知できるのです。

先ほど世代論の話のところで「偽造された共同的記憶」ということを言いましたけれど、もし「個性」というものがほんとうに発見され表現されるべきものだと思うのなら、自分の記憶の中にある偽造され外部から「事後的に」注入された部分を選《え》り出し、除去してゆくという作業が必要になるでしょう。「ビートルズ世代」としてビートルズを聴いて、「全共闘世代」として学園闘争を戦ったというふうに「偽りの記憶」を内面化させた同時代人をぼくは何人も知っています。彼らはリアルタイムではビートルズなんか聴いてなかったし、学園闘争にも背を向けていた。しかし、その事実は忘れられ、より快適な「共同的記憶」が彼らの自己史には採用されている。もし、この人たちがほんとうに個性的であろうとしたら、共同的な「模造記憶」からではなく、彼らが少年だった頃に、誰とも共有できず、誰にも承認されなかった彼らの内密で、ユニークな幻想や情念を記述するところから始めるべきでしょう。

すべての世代はその世代に固有の「正史」を持っています。それはたとえば、流行した音楽やTVの人気番組やマンガや映画の記憶です。「おお、あれな、オレも毎週見てたよ」

というふうにして同世代の宴会は盛り上がるわけですが、この「おお、オレも」の相当部分は（たぶんお気づきでしょうが）かなり誇張されています（ほんとうは「毎週」ではなく「たまに」だったり、あるいは「ぜんぜん」だったり）。

でもこのわずかな（あるいは大幅な）誇張によって「オレたち」という記憶の共同体に「オレ」は住民登録できるわけです。

でも、個性的であるというのは、「記憶の共同体」への住民登録を求めないということです。頭にぎっしり詰め込まれた「偽造された共同的記憶」を振り払い、誰にも共有されなかった思考、誰にも言えなかった欲望、一度もことばにできなかった心的過程を拾い集める、ということです。

これは徹底的に知的な営みです。メディアでは人々が「個性的に」ということを実にお気楽に口にしていますが、「個性的である」というのは、ある意味で、とてもきついことです。誰からも承認されないし、誰からも尊敬されないし、誰からも愛されない。そのことを覚悟した人間だけが「個性的であること」に賭金《かけきん》を置けるのですから。

そんなことができる人間はほんとうに少数です。ですから、ほんとうに個性的な人間というのは「オレは個性的な人間だ」と思い込んでいる人間の数の千分の一もいないのです。

背中の意識を蘇《よみがえ》らせる

明治生まれの人々までは「型」というものがずいぶん重視されていました。人間の内面がどうであるかを問うより先に、まずきつく外側から締めつけられた、「守らなければならない型」というものがある、というふうに考えられていたのです。

「武士は食わねど高楊枝《たかようじ》」というのは、空腹という「内面」よりも、背筋を伸ばして粋《いき》がる「外面」を優先させるという意味です。目の前にお札が落ちていても、人を掻《か》き分けて拾うようなふるまいは「さもしい」と感じることです。

それは美意識とかイデオロギーというような頭脳的なものではなく、むしろ身体的なものと言うべきでしょう。いくら「あ、お金だ。拾おう」と思っても、体がいうことをきかない。たぶんそういう「型」を昔の人たちは、身体的に刷り込まれるという育てられ方をしてきたのではないでしょうか。

よく言われることですが、日本人にはキリスト教の神さまのような、全知全能の神という概念はありません。人が見てないところでも、神さまが見ているから恥ずかしいことはできない、というのがキリスト教文化です。

『菊と刀』で、ルース・ベネディクトはこれを「罪の意識」と呼びました。それに対して、日本人は他人の目が気になるので、恥ずかしいことができない。これは「恥の文化」である、と書きました。

でも、このとき、日本人を恥じ入らせる「他人」は、別にそこに具体的にいる人間のことではないのです。

「人さまには見せられないざまだ」とか「世間に顔向けできない」というような場合の「人」や「世間」は具体的な人間ではありません。それは一種の抽象概念です。そのような抽象概念が個人の身体の中に刷り込まれてしまうと、一人でいるときも「はしたないこと」や「さもしいこと」をすることができない。しようと思っても身体がこわばって身動きならない、ということが起きます。神さまが見ているのではないのです。自分自身の中にいる「人」が見ているのです。

「恥の文化」というのは、そのようなかたちで社会規範が内面化、あるいは身体化したものだとぼくは思います。その「身体化した社会規範」のことをぼくは「型」というふうに言い換えているわけです。

「型に縛られていること」、それが日本人の倫理性の特徴的なあり方です。

本質的に「無信仰」である日本人には、その行動や胸中を全部見通しているような「全能の神」というものはうまく想像できません。日本人の倫理性を担保しているのは、神ではなく、むしろ個人のうちに内面化し、身体化した社会規範です。

日本はよく言われるように、非常に「他者志向」の強い社会です。「他者志向」が強い人というのは、いつもまわりの人の様子を窺《うかが》って、そのわずかな変化にこまめに反応しながら、自分のスタンスを決める人のことです。そういう相互参照的なしかたで生きていると、当然ながら、Aさんは隣のBさんの目を気にして、Bさんの生き方を参照しながら、自分のスタンスを決める。一方、Bさんは隣のAさんの生き方を参照しながら、自分のスタンスを決める。そうやって、相互参照、相互規定しているうちに、AさんとBさんの顔付きはどんどん似てきてしまうのですね。

そういうやり方のせいで日本社会がここまでずいぶんと均質的なものになってしまったわけですから、問題といえば問題なのですが、とりあえず「神なき国」において、個人の倫理性を保証するものといったら、「人」や「世間」の視線というものを想像して（誰も見ていないのに）、その視線に射抜かれてしまって、身動きできなくなってしまうという制度しかなかったのですから、しかたがありません。

「はしたない」とか「さもしい」とか「下品」とかいうことばで言い表されるような倫理的規制は、よく考えれば分かりますが、絶対的な基準があって決められたものではありません。「絶対的に、はしたない行為」とか、「いついかなる状況でも下品とされる行為」というようなものは存在しません。「はしたない」とか「さもしい」というのはローカル・ルールです。そのような判断基準を共有する小さな集団の中でのみ規範力を持つルールにすぎません。それは「人」や「世間」のまなざしを内面化した人間だけに妥当する種類の倫理性です。

でも、とりあえず日本という国では、久しくそのようなローカル・ルールが人倫を支えてきたのです。それに代わるものを持たなかったのです。そのような倫理性に育《はぐく》まれた世代の最良の人々は、人が見ているところでも、見ていないところでも、つねに居ずまいを正して、一本芯《しん》が通ったような生き方をしていたのだと思います。

この(神ならぬ)「人」の視線を過剰に意識することで、自分自身を律するという日本人の倫理性の特徴的なあり方を端的に表象するのが「紋付き」だと思います。

紋付きというのは(ときどき時代劇マンガで間違って描いてあることがありますが)、家紋が五つついています。胸に二つ、袖《そで》の後ろに二つ、大きな紋が背中に一つ。

つまり家紋は三対二の比率で「後ろから見られるもの」なのです。

家紋は、背中に背負う家格の象徴です。気安く触られたり泥をつけられてはいけない、非常にたいせつなものを背中の真ん中に背負っていたわけです。人間が身につけている一番たいせつなものは、「自分では見ることができず、他人から見られるだけの部位」に貼り付けられていたのです。

これは昔の武士の身体感覚を想像するときの一つの手がかりになると思います。

武士が歩いているとき、その意識は「背中」にあったということです。

観世《かんぜ》流シテ方の方に、「能楽師は背中をどういうふうに意識していますか」という質問をしたことがあります。そのとき観世流の先代家元観世左近の背中が非常に美しかったということを教えてもらいました。シテ方は、やや前傾するために、どうしても背中が丸くなりがちなのだけれど、観世左近はみごとにフラットな背中をしており、そのせいで紋付きの家紋がまったく歪《ゆが》むことがなかったというのです。これはおそらく式楽である能楽が江戸時代に武士的な「着付け」と深く親しんだことの結果だろうと思います。

紋付きを着用し、佩刀《はいとう》している場合でしたら、さらに左後方の空間に二尺何寸かの鞘《さや》が突き出しています。

ご存じの通り、鞘を当てるのは不作法の極限です。自分の刀に鞘当てされた場合は、すれ違った瞬間に「無礼者」と言って切り捨てるのも「あり」、というほどの不作法なのですから、刀を差している人間は必死です。絶対に他人に触られてはいけないものを、自分の目からは見えないところに数十センチも突き出しているわけです。昔の侍が背中にどれほど意識を置いていたのかは、このことを考えるとよく分かると思います。

そうやって昔の人は、視野に入ってこない背面に対しても、絶えず意識を張り巡らしていました。

「男が表に出ると、七人の敵がいる」ということばがありますね。最近はあまり使われません（たぶん父権制的である、というので自主規制されているのでしょう）。でも、このことわざは必ずしもそのような性差別的なイデオロギーの言明ではないだろうと思います。「七人の敵」とは、「七方向」のことだとぼくは解釈しているからです。一歩表に出たら、前だけを見ているのではなく、前後左右の八方を見よ、このことばはそう教えているのではないでしょうか。

ぼんやりしている人間は、自分の前の一方向しか見ません。そうではなくて、残る七方向に対しても、くまなくセンサーを働かせなさいということをこのことばは教えていると思うのです。あえて「敵」という強いことばを使って、センサーの感度を最大化することを求めているのだと思います。

自分の空間的な「位置どり」について、昔の人は今よりもずいぶん敏感だったし、それを感知するセンサーの感度を高めるために、いろいろな工夫をしていました。それというのも、身分や立場によって、服装も、ことばづかいも、身体の動かし方も、すべてが違っていたからです。立つとき、座るとき、歩くとき、お辞儀をするとき、武士と町人、男と女、大人と子どもでは「型」が違いました。化粧法一つとっても、結婚した後と前で変えていました（最近の時代劇では既婚女性の「お歯黒」を見る機会はもうありませんが）。そういう微細な身体性の違いが「型」として規定されていたわけです。

日本の倫理は「罪の文化」ではなく、「恥の文化」であるというベネディクトの説をぼくはなかなかみごとな分析だと思っています。神さまが心の中まで見ているのなら、心の中が正しければ、その行いや姿かたちが周囲からどう見えようと、それは副次的なことにすぎません。しかし、「人」は心の中までは見てくれません。心の中が正しくても、行いや姿かたちにそれが外形化していなければ、その「正しさ」は社会的に承認されません。だから日本の「恥の文化」は同時に「型の文化」とならざるをえなかった、ぼくはそういうふうに考えています。

人間の「中身」はさておき、まず「型」が正しくできているかどうか、それをチェックするというのが「型の文化」的な発想法です。まず「型」を決める。そして、その外形的な「型」を身体に刷り込んでゆくうちに、「型」は身体の中に食い込むように内面化し、ついには誰も見ていない場面でさえ、その「型」のせいで、人間は心の欲望のままにふるまうことができなくなる、というのが日本的な倫理教育だったのではないか、とぼくは考えています。

キリスト教的なアプローチとは正反対のプロセスなのですが、人間を社会化する目的が、「自分の利己的な欲望を制御して、社会規範を遵守して生きる人間」つまり「市民」を創出するということであるならば、どういうコースを選ぼうと構わないと思います。神奈川県から登っても、山梨県から登っても、富士山は富士山です。

「型」を学ぶというのは、身体をコントロールする術を学ぶということです。「型」を通じて、社会的な自分のポジション、つまり「分《ぶん》を知る」のです。「分を知る」というのは、先ほどのことばを使えば、「マッピングする」ということです。地図上の自分の位置を知るということ、想像的に自分自身を含む風景を上空から見下ろす視点に立つということです。

子どもが、今自分は子どもだが、これから大人になるためにどうしたらいいんだろうと考えたときに、自分の行く方向を知るためには、どうしても、想像的にこの俯瞰《ふかん》的な視座に立たなければなりません。

「背中から見たら、自分はどういうふうに見えるだろうか」という意識の持ち方、そのための基礎的な訓練なのだと思います。

身体的センサーを活性化することによって、空間の中における自分の位置どりを常に意識するような文化、それが日本の伝統文化だろうとぼくは思います。

でも、最近の人たちは自分の視野に入るものしか見ない。「七人の敵」がいるどころか、まわりは全部味方だと思って、無防備に背中をさらし平然と危険なところを歩いています。最近の若い女性は、背中が鈍感です。仲間と並んでしゃべっているときに、背後から近づいて、手を背中にあてがってもなかなか気がつかない。ふつう、人が背後から近づいてきたら、何となく気配を察して振り返るものですし、手を後ろ側に持ってこられたらじかに触ってなくても何となく嫌な感じがするはずです。それに気づかないというのは、背中のセンサーが相当に鈍くなっている証拠です。

先ほどの能楽師の方は、新幹線の駅で待っているときに必ず壁を背にして立つそうです。足も両足均等に加重しないで、右、左と移しながら、立っている。

「なんで、そんなことをするんですか?」とお訊《たず》ねしたら、「誰かに、後ろから突き落とされたりしたら、嫌じゃないか」というお答えでした。

「両足に加重しないのは、すぐに反応できるように。切りつけられたりしたときに、パッと反応できるようにしてるんだ」と。

新幹線の駅でいきなり切りつける人なんて、そう多くはいないだろうから、ずいぶん用心深い人だなと思って笑っていたのですが、その後、この方の舞台を見ているときに、あなるほどと思いました。

後見に出てきて、シテの人が置いた装束を取ってそのままずっと引き下がる。ただそれだけの場面がありました。けれども、ほとんど観客が、舞台で舞っているシテ方ではなく、後見の方を見ている。それは、切り戸から消えて行く後見の後ろ姿の方が能楽の動きとして完成度が高いからなんです。つまり、背中から自分がどう見られてるか、自分が見えてないところに全方位センサーを張って、非常に密度の高い身体運用をしているから、観客はそちらの方に引きつけられてしまうのです。

なるほど、こういうことのためにふだんから背中のセンサーを作動させる稽古《けいこ》をされていたのか、ということにそのとき気づきました。

こういうふうな身体的な感知能力の高い人というのは、たとえば、町の中を歩いてるときでも、すぐ分かります。人にぶつからないで、ほんとうにうまく歩いていますから。前から来る人の何秒後かの動きを予測しながら歩いています。視野が狭い人は、自分のすぐ前しか見てないので、すぐに肩がぶつかったりしますね。

サッカーやラグビーなどでは「スキャンできる」という言い方をします。新日鐵釜石《かまいし》の伝説的なスタンドオフだった松尾雄治《ゆうじ》は、素晴らしいスキャン能力がある人でした。ボールを持ってゴールに向かって突進しているとき、彼の進路を塞《ふさ》ごうと駆け寄ってくるディフェンスたちの数秒後の位置関係を予測する。だから、ディフェンスの間に奇跡的にできたスペースを駆け抜けてゆくことができるのです。天才的に勘のいい人というのは、「今の」ディフェンスの位置ではなく、「何秒か後の」ディフェンスの位置を予見して、そこを走り抜けるのです。

「スキャンする能力」というのは、だから上空から自分を含むフィールドの全体を俯瞰してマッピングし、さらにそこに時間軸を加えた四次元のシミュレーションができるということです。こういう動きは単純に足が速いとか、当たりに強いとかいう解剖学的なファクターでは説明できません。空間的かつ時間的なマッピング能力というのは、もっと総合的な身体能力ではないかと思います。

しかし、そういう総合的な身体能力を訓練したり、育成したりする教育プログラムは今の日本には、家庭にも学校にも社会にも、どこにもありません。

明石《あかし》の事件について思うこと

二〇〇一年に、二五〇人を超す死傷者を出した明石市の歩道橋事故がありました。死者にむち打つつもりはありませんが、この事件に、ぼくは現代人の身体感覚の衰えの徴候を感じました。

身体感覚の衰えというのは要するに「マップする能力」の低下のことです。それは「上から自分を見る」ことをやめて、「横にいる人間を見て、それと同じ行動をする」というかたちを取ります。「みんなが行くから大丈夫だろう」というふうに感じる、というのが身体的感受性の衰えのきわだった徴候です。

というのは、「横を見て、その真似をする人間」は自分の身体が危険を察知して「ストップ」という信号を発していても、それを無視して、「みんなが行くなら大丈夫だろう」という頭脳的な予測の方を信じてしまうからです。

「なんかすごく混んでるから、行かない方がいいみたいだ。もっと待ってるか、大きく迂《う》回《かい》して帰る方がいいかな……」そういうわずかな身体的な危機感はそこにいた誰もが微弱ではあれ察知したはずです。人間の身体感覚というのは、一定以上の人混みに対しては危険を感じるようにできているからです。ある程度の数の人がいて、それがこのペースで行ったらこの数分後どうなるかということを想像すれば、「行かない方がいい」というくらいの判断をする直感能力は誰にでもほんらい備わっています。問題は、そのセンサーが機能しなかった、あるいは機能したのに危険信号を無視した、ということです。

これは現代の人たちに、そういう危険に対する感知能力が落ちてるということだけでなく、自分の身体が発信する危険感知信号を「信じる」ことができなくなっている徴候だと思います。

警備体制が穴だらけだったのは事実ですし、救護体制が整っていなかったことも事実ですが、それと同時に、身体が発したはずの危険信号を早い段階で感知して、迂回行動を取らなかったことについては、被害者の側にも反省すべき点はあるとぼくは思います。

みんなが激しく抵抗したのに、無理矢理に歩道橋に押し上げられたわけではありません。「これは、あぶないかな」と疑いを持ちながら、なんとなく流れに圧《お》されて、自分から危地に入っていってしまった人がずいぶんいたはずです。

おそらく、その一方には、その手前の段階で「あ、これはまずい。やめた方がいいな」と感知して、そのままきびすを返した人もいたはずです。たぶん、あの歩道橋の階段を登る前に、ほとんどの事故被害者は「一瞬の逡巡《しゅんじゅん》」を経験したはずです。

確かに、「後ろから押されてもう身動きできなかった」という証言もありますが、「もう身動きできない」状態になってしまう前に、あと何秒かこのままで推移したら「もう身動きできない状態」になるかも知れないという「不快の予測」があったはずです。その身体信号に反応して、「まだ身動きできる」段階で、「一人群に逆行しても、安全な場所に戻る」という単独行動を選択する余地はあったはずです。

それができなかった身体感受性の機能不全は、行政の不備と並んで、深刻な社会問題だとぼくは思います。

人間が生きている場所はどこもある程度は秩序があって、ある程度安全は確保されていますが、同時に予想外のリスクを潜在させてもいます。後で他人が責任取るにせよ、負傷し、死ぬのは自分自身です。信号が青なので左右を確認しないで横断歩道を渡り、信号無視の車にはねられて死んだ場合、「信号無視をした車」に責任があるのは明らかです。でも、責任が明らかになっても死んだ人間は生き返りません。優先させるべきことは、後で責任は誰にあるかを明らかにすることではなく、まず死なないことです。事故を避けること、危険な目に遭わないこと、それがすべてに最優先する。そういうものごとの順逆の筋目が乱れてはいないでしょうか。

ぼくは暴走する車や、警備体制の不備を弁護しているのではありません。それより「先に」することがあったはずだ、ということを誰もアナウンスしないことを危ぶむのです。「このまま行っても大丈夫だろうか、それとも引き返すべきだろうか」というのはぼくたちが遭遇する典型的な危機です。

どんな生物でも必ずそういう岐路に立ち至ることがあります。この場合、オプションはな利益を最大化するためでもなく、「みんながそうするから」という理由で決断する人々、それが「大衆」です。

動物が「みんなと行動をともにする」のは、あくまで「生き延びるためにそれが最善である」という本能的な動機からです。しかし、人間にはそのような明確な基準がありません。それは「自己利益を最大化するために生きる」という動物的な行動原理が人間においてはもう機能しなくなっているからです。

「最近の人は利己的だ」とよく言われますが、先に書いたように、ぼくはそうは思っていません。それは「利己的」ということばの使い方が間違っています。ほんとうに自己利益を最大化するというのはどういうことかを考えたら、短期的には自分に不利な選択をすることだってありえるはずだからです。

たとえば、国家とか警察とかいうものは、ぼくたちが法律違反をしたときには、ぼくたちの「自己利益」を損なうものとして機能します。現に、そのせいでぼくたちは逮捕されたり罰金を科せられたりするわけですから。しかし、だからといって、無国家状態、無警察状態がぼくたちにとって利益になるかといえば、そんなはずはありません。誰が考えても、一部の特権的強者がすべての社会的資源を奪取し占有するアナーキーな社会の出現は、大多数にとって少しも愉快なものではありませんから。

二つあります。一つは「危険を感知したら、そこを避ける」という判断。もう一つは「危険を感知したら、多数派に従う」という判断です。

草食動物がライオンのような肉食動物に捕食される危険に直面したときには、「一人で逃げる」か、「群と行動をともにする」か、いずれかを選択しなければなりません。そして、経験的には、「群と行動をともにする」方が明らかに生き延びるチャンスは高いことを教えています（誰か個体一つが喰《く》われている間に、ほかのものは逃げられるからです）。だから、ぼくたちの動物的な直感は、多くの場合、危機に直面すると「群と行動をともにせよ」という命令を下します。これはほとんど本能的な反応です。そして、本能はたいていの場合、正しく機能します。

しかし、人間は本能的な反応だけをしているわけではありません。それは動物と違って人間だけが「大衆社会」という集団形態を取っていることに関係しています。

「大衆社会」というのは、ニーチェが言い出した近代の共同体のあり方のことです。一言にして言えば、何か決断をするときに、「自己一人の利益を最大化する選択は何か」ではなく「みんなはどう選択するか」を見て、「みんな」に従うことを主導的なルールとする社会のあり方のことです。

決断に際して、原則的な「正しさ」の基準に従うのでもなく、自分のエゴイスティック

それゆえ、近代市民社会では、自己の生命、身体、財産を安全に確保するために、私利の追求を制限する権限を公共的な機構に持たせたわけです（少なくとも、近代の市民社会論ではそう説明されています）。

だから、目先の私利私欲を追求し、そのために公共的なルールを踏みにじる権利を自分に許す人は、彼以上に強大な力を持ち、彼以上に容赦なく私利私欲を追求する別の人間が彼の利益実現を蹂躙《じゅうりん》することにも同時に同意署名していることになります。長いスパンで考えた場合に自己を利するより害する可能性の高い選択をする人間は、「利己的」ではありません。

それと同じように、「みんなと同じように行動する」人たちも、「公共的なルール」というものが何のためにあるのか、というものごとの本質を見忘れているのではないでしょうか。「みんながある規範に従って、整然と行動する」ことが推奨されるとすれば、それは「その方が、長い目で見たときに、成員一人一人の私利の実現にとって有利である」からです。ですから、その逆に「みんなと同じように行動すること」が、個人の生存や利益実現に不利である可能性が高いと判断された場合は、そのオプションを忌避する、という選択は、あって当然なのです。

「群に追随すべきか」「群から離れるべきか」の判断を迫られる局面に遭遇したときに、

そのことばの厳密な意味で「利己的な」個体は判断をためらいません。「群に追随すべきか」「群から離れるべきか」の岐路で、混乱してしまうのはたぶん今の人間たちが「利己的」ということの意味が分からなくなっているからです。

明石の歩道橋で起きたのは、ある意味では、何げない日常の中にいきなり降って湧いたこの種の決定的岐路だと思います。こういう局面に一般解はありません。ですから、自分の直感で瞬時に判断するしかないのです。

この事件が教えてくれる最大の教訓は、現代人は「群と行動をともにする」ことの生存戦略上の有利さと安全性を過大評価する傾向にある、ということだとぼくは思います。この事件については、「悪いのは誰か」という犯人探しに人々の関心は集中して、警察や警備会社や市の責任が問われましたし、メディアもほとんどそういう立場での報道に徹していました。しかし、それだけでは一つの本質的な問題が回避されているような気がぼくはします。

この事件の反省をふまえて今後どういうふうに対処するかを考えるときに、たいせつなのは、人出が多く予測される場所では警備を厳重にして、救護体制を整備せよということばかりではなく、「群とともに行動すること」そのものが致命的な危険でありうるということをきちんとアナウンスすることでしょう。マジョリティとともにあることは決して安全を意味しないということ、それがこの事件から汲《く》み出すことのできる貴重な教訓の一つだとぼくは思います。

勘をよくする身体運用

気の毒な話ですが、今の子どもたちは、生まれてから育っていく過程でどんどん身体感受性が鈍感になるような環境に置かれています。

都会で生活する人は、視覚的にも聴覚的にも刺激が多すぎますから、知覚の回路をオフにせざるをえません。当然ですよね。都会の街路にあふれる大音量の音楽やら、おしつけがましい広告やら、路面や車内での絶え間ないアナウンスやらにいちいち反応していたら身が持ちません。

どうしても、知覚の入力に際しては、選択的に聞こえないようにしたり、見なかったりして、自分を守ることが必要になります。

その防衛システムとして、都会生活者は自ら進んで知覚をオフにしているのです。

人の耳は聞きたくない周波数だけ消すことができますし、見たくないものに目を閉じることもできますし、嗅《か》ぎたくない臭気を排除することもできます。ですから都市生活者はだいたい雑踏にあるときは、視線を狭い視界に固定し、サングラスをかけて視界を暗くし、耳はヘッドフォンで塞《ふさ》ぎ、肩をすくめ胸を締めつけて、外気に触れる皮膚の表面積を最小化し、悪臭を嗅がされないように嗅覚《きゅうかく》を殺し、息も決して深く吸わないように努めています。

ずいぶん七面倒な知覚遮断だと思いますが、それも当然です。見たくないもの、聞きたくないものが街にはあふれ返っているんですから。都会で暮らしている以上、感覚情報を選択的に遮断するのは、自己防衛上は避けられないことなのです。

しかし、身体のバランスを乱す知覚的なノイズから身を守るために感受性の回路を遮断することは、ときには自己防衛上ほんとうに必要な知覚情報までとりこぼすことになりかねません。

自分のまわりに防衛のためのバリアを張るということは、外側に起こってることに対して鈍感になるということと同義です。

近年の子どもたちは小さい頃から、家にこもって、漫画やビデオゲームなどの視覚中心の遊びに耽《ふけ》る傾向があります。ゲームでは動態視力と反射神経は向上するでしょうが、それ以外の知覚、全体的な身体感覚や背中の感覚などは育ちようがありません。

人間としてバランスのよい身体感受性を育てるためには、いろいろな方法があります。

子どもの遊びはその一つです。たとえば「ハンカチ落とし」という遊びがあります。内側を向いて円陣を組み、「鬼」がその後ろを周回し、誰かの後ろにハンカチを落とします。それに気づかずに一周して肩を叩《たた》かれたらその人が次の「鬼」というゲームです。

この遊びはどんな知覚を開発するためのゲームなのでしょうか。

ハンカチは背後で落とされますから、もちろん目には見えないし、音もしません。ハンカチが空中を落下するときの空気の震動は「鬼」の騒がしい足音に比べればほとんど知覚不能でしょう。それでも勘のよい子は、ハンカチが地面に落ちる前に、自分の後ろに「鬼」がハンカチを落としたことを察知します。いったいこの子は何を感知したのでしょう。

それは「鬼」の心に浮かんだ「邪念」です。

「この子の後ろにハンカチを落としてやろう」という、「鬼」の心に一瞬兆した「悪意」を感知するのです。

別にオカルト的な話をしているのではありません。人間は誰でも緊張すると心拍数が上がり、発汗し、呼吸が浅くなり、体臭が変化します。恐怖や不安だけでなく、羨望《せんぼう》や敵意も、そのような微弱な身体信号を発信します（嘘発見器はその原理を応用したものです）。

勘のよい子どもは、自分の後ろでハンカチを落とした瞬間の「鬼」の緊張がもたらすこの微弱な身体信号を敏感に感知することができます。ぼくはそれを「邪念を感知した」というふうに言っただけです。

しかし、これはたいへんにすぐれた身体能力開発ゲームだとぼくは思います。というのも、原始の時代においては、ぼくたちの祖先は暗い森の中で、肉食獣や敵対的な異族と隣り合わせて暮らしていたはずだからです。そのときに、自分を攻撃してくるものが発するわずかな身体信号を感知できる個体とできない個体では、どちらが生存確率が高かったか、考えるまでもありません。ですから、生き延びるためのスキルとして、その当時から、ぼくたちの祖先は、感覚を統御し、錬磨するためのエクササイズを「遊び」というかたちで子どもたちに繰り返させていたのではないでしょうか。

「かくれんぼ」というのは、おそらく起源的には狩猟のための感覚訓練であったとぼくは思います。見えないところに、見つからないように隠れているものが発信する微弱な恐怖と期待の身体信号、それを感知するための訓練だったのではないでしょうか。

「鬼ごっこ」にせよ「缶蹴り《かんけ》」にせよ、その種の遊びで子どもに要求されるのは、単に足が速いとか、高いところに上れるというような単純な身体運用能力ではなく、それよりむしろ、「気配を察知する」総合的な身体感受性であっただろうと思います。

しかし、そういう種類の身体信号を受信する能力を開発する身体感受性の訓練技法は、今の社会では組織的に失われてしまいました。

学校で行われる体育は、一〇〇メートル何秒で走るとか、何メートル跳べるかといったデジタルに数値化できる身体能力だけに焦点を合わせています。確かに、そういう能力もライオンに追われるような場合に「動物としての人間」が生存するためのたいせつな能力ではありますが、それと同じくらいに、あるいはそれ以上にたいせつな身体能力は、「ライオンがいそうな気配を事前に感じる」能力でしょう。

遊び以外の身体技法でも、もちろんそういう能力を重視するものがあります。トップ・アスリートは、単に反射神経がいいとか、筋力や骨格の性能がよいだけではなく、「スキャンする」能力が高い。

中村俊輔《しゅんすけ》や中田英寿《ひでとし》は、ほとんど「背中に目がある」ような身体感覚を持っていますし、イチローは、相手のピッチャーの微妙な体の使い方から、ボールがどこでリリースされるか、どういう回転をして、どのゾーンに来るかを瞬間的に判断して、そこに向かってバットコントロールをしていますし、守備のときは、バッターがボールを打つとほとんど同時にボールの落下点を予測してそこにダッシュしてゆきます。

すぐれたアスリートは、「起きた出来事」に反応しているのではなく、「起きる気配」にすでに反応して、コンマ何秒の間にそういう微調整ができるように身体を訓練しているのです。ここに発揮されているのは、ほとんど「未来予測」と言ってよいような総合的で繊細な身体能力です。

このような「先を読む感覚」というのは、そのためだけの訓練が必要です。走り込みやウェイト・トレーニングをいくらやってもこういう感覚は少しも磨かれません。きつい、苦しい負荷に耐えるという訓練は逆に身体感覚を鈍感にするだけです。

ぼくは学生時代に一時期空手を稽古《けいこ》していましたが、これはかなりきつい筋力トレーニングを要求するものでした。手足の筋肉や関節が痛むので、それに耐えるために、しかたなしに身体の感覚を意図的に鈍磨させることになりました。一時的な無感覚状態に追い込むわけです。頭を「真っ白」にして、自動人形のように機械的に動くのです。

そういう訓練は確かに突き蹴りの速さ強さのような物理的な力を向上させはするでしょうが、身体感覚を敏感にするという方向にはほとんど寄与することがありませんでした。

身体に反射運動を刷り込むために、こういうふうに「真っ白になる」ことを空手部では「バカになる」という言い方がなされていました。しかし、もし身体感受性を高めることが目的であれば、ほんとうは「利口になれ」と言うべきだったでしょう。

自律する身体

自分の体の中が今どういうふうになっているか、背中は後ろからはどう見えているか、内臓を支える筋肉はどんなふうに緊張しているか、全身の細胞はどんなふうに動いているか……実際に感知できるできないは別として、そういうふうに身体の内側に意識を向けることはとてもたいせつなことです。

ぼくたちが武道で、突いたり蹴ったり投げたり締めたりしているときには、ほんとうに使える力の何分の一も使っていないのです。使える身体的資源を全部動員すれば、その何倍かの力が出るものです。使える力を総動員した突きや斬りは、腕や肩の骨に付いてる筋肉だけでなく、内臓を支えている筋肉や背筋や大腿筋《だいたんきん》まで使う動きになりますから、かなり腕力に差があっても十分な威力を発揮することができるのです。

こういう身体の使い方は、自分の身体は今どういう状態になっているのだろうということを絶えず観察していない人にはできません。

ぼくの合気道の師である多田宏《ただひろし》先生は「安定打坐《あんじようだざ》」ということをよく言われます。これは座禅における只管打坐《しかんたざ》とたぶん同じようなことだと思いますが、正しい呼吸法と瞑想法《めいそう》によって、丹田《たんでん》の気を練るための稽古法です。その目的の一つは、自分の「身体の内側」をみつめるということです。

どうして、武道のような殺傷技術において「身体の内側をみつめる」というような観想的な稽古が重視されるかと言うと、それが身体感受性を高めるための最良の訓練だからです。

先日、はじめてお目にかかった内家武学研究会の光岡英稔《みつおかひでとし》師範は意拳《いけん》の練功を基本にしている武術家ですが、この技法は端的に「立つ」だけのことです。立って、ひたすら自分の身体の内側で起きている事象をみつめる。そして、全身が細胞の一つ一つにまで細かく割れて、それぞれが自律的な運動を始めるのに身を任せる。そういう行をハワイにいた頃の光岡師範は一日八時間していたこともあるそうです。海岸で太平洋をみつめながら何時間もただ立っている。その結果どうなるかというと、身体は非常に「肌理《きめ》の細かい」セグメントにばらけてゆきます。

合気道の「安定打坐」にせよ、あるいは座禅にせよ、ヨガにせよ、気を練るための練功法にせよ、その目的は、おそらくは意識を身体の内側に深く深く向けることにあります。骨格の動き、内臓の動き、筋繊維の動き、さらには細胞の動きにいたる身体内部で活発に動いているものの水準に感覚の焦点を移すことで、自分の身体を構成している無数の「パーツ」に対する感覚を磨き上げるのです。そういう感覚には、自分の身体を構成する無数の「パーツ」の自律性に対する「敬意」が必ず伴います。

自分の身体の一つ一つの部分に対して「敬意」を抱くこと、これが身体感受性の開発にとって、おそらくもっともたいせつな心構えだろうと思います。養老孟司《ようろうたけし》的に言えば、ぼくたちはあまりにも「脳的」です。脳が身体を支配している、という上意下達のシステムで心身関係をとらえています。

でも、ほんとうはそんなものではない。

身体は自分の意思によって自由に操作できるものではありません。自律神経が統御している内臓だけでなく、四肢や骨格や筋肉だって実は、それぞれのしかたで独特に自律的なものです。現に寝ているとき、ぼくたちの知らない間に、ぼくたちは勝手に身体のあちこちを伸ばしたり曲げたり回したりしていますが、それは身体の方が自律的に調整をしているのです。

そういう自律的に「よい状態」を求める志向が身体には備わっています。それを押しつぶしたり、たわめたりしているのは、人間の賢《さか》しらです。

ですから、身体の自律的な調整に身を委《ゆだ》ねて、それが一番動きたい方向に動かすというモードに切り替えると、身体の使い方は一変します。

身体をていねいに使うようになるのです。

あるいは、それまでは「ブロックで」使っていた部位を「ばらして」使うようになるのです（それまで「あいつら」というふうに括《くく》っていた集団が固有名と顔を持った「Aさん、Bさん、Cさん、Dさん……」という個人にばらけるような感じです）。

団体扱いしていたお客さんが固有名をもって現れてくると、そこに親しみが湧くように、身体を使うときに構成要素の一つ一つに、こちらも気配りしながら使うようになります。

それが松聲館《しょうせいかん》の甲野善紀《こうのよしのり》先生がこれまでずっと説かれてきた「身体を細かく割る」ということだろうとぼくは理解しています。

身体を割る

甲野先生のよく使われる比喩《ひゆ》は、「イルカや鯨のような大きな魚」が方向転換する場合と「鰯《いわし》の群」が方向転換する場合の違いです。

大きな魚は頭部の末端から動き始め、それがうねって全身に伝播《でんぱ》し、最後に尻尾《しっぽ》が方向転換を終えるまで、「ドミノ倒し」的な時間差のある運動が連続します。

それに対して、鰯の群の場合は、魚群の全体が一瞬のうちに方向転換を終えます。そこにはうねりも、タメも、ねじれも、時間差も、何もありません。

甲野先生はこれを武術的な身体運用の理想としてよく示されるわけですが、全身を「細かく割る」という術技の意味を的確に衝《つ》いた、みごとな比喩だと思います。

それに鰯の群の場合は、全群が一斉に方向転換したときに、必ず逆方向に回転し始める「へそまがり」の個体がいます。これはシステム・クラッシュのリスクを避けるための一種の生存戦略だろうとぼくは思っています。だって、そうでしょう。鰯の群のマジョリティが直進してゆく方向に鯨が大口開けて待っていた場合、この「へそまがり」の個体がいたことが、群の再生産の保険になるわけですから。

こういうふうに身体を細かく割ることには、単に動きが速くなるという以上にいくつもの利点があります。

たとえば、相手からの打撃を身体のある点で受けたときに、その衝撃が全身の細かい部分に一瞬のうちに「ばらける」ことになります。打撃のエネルギーは触れた点から、全身に無限小にまで分散してゼロ化し、逆に、攻撃するときには、全身の各部から集まってきたエネルギーが、相手との接点に凝集して放出されるということになります。

それが筋肉的な「力」とは異質な「勁《けい》」という物理的存在です。

そのようにして練られた「発勁《はつけい》」というものが実際にどれほどすさまじいものか、ぼくは光岡師範から身をもって経験させてもらいましたから、このような練功法の術理的な合理性には確信を持っています。

光岡師範の話で面白かったのは、そういう段階になると空手の組み手をしているときに、相手の攻撃をどう避けようとか、どう反撃しようとかいうことを「考えるより先に」、拳《こぶし》が相手の一番「弱い」ところに一直線に進むというふうになるという話です。ちょうどリールが釣り糸を巻き入れるように、相手の最弱点が師範の拳を「巻き入れる」。

ハワイでの稽古中《けいこちゅう》にお弟子さんと組み手をしているときに、その相手にちょうど痛んだ虫歯があり、拳が引き寄せられるように、その一点を打ち抜き、虫歯が「ぽろり」と脱落したという話を笑いながらしてくれました。「そんなところに虫歯があるなんて、こっちは知らなかったんですけれど、拳がそこに行きたがるのです」というのが光岡師範の説明でした。だから、身体の歪《ゆが》みや弱点に自律的に引き寄せられてしまう発勁の動きを、ゆっくり柔らかく使えば、気功による医療になるわけです。

傷つける技法と癒《いや》す技法が裏表であるというのは術理から言えば当然のことです。武道はほんらいそういう人間の潜在的可能性を最大化するための、総合的な「生き方の技術」だったはずですから。

身体を脳を中枢とする「上意下達」の「ツリー状」組織の末端ではなく、細かいセグメントがゆるやかに連合した「リゾーム状」の組織であるとみなすこと、これが武道的な身体観だろうと思います。

身体の各部が自律的に活動すれば、たとえば、心が恐怖や焦りを感じているときでも、身体能力はそれとは関係なくふだん通り活動します。恐怖によって身体能力が下がることを武道では「居着き」と言いますが、これをどうやって克服するかは武道の重要な技法的課題です。身体を細かい部分に分けて、自律的に運動させるというのは、その難問への一つの回答なのだとぼくは思います。

学校体育と武道

問題は、「細かく割れた身体」を意識的に形成してゆくという課題に、今の学校体育のカリキュラムはほとんど対応していない、ということです。

学校体育が査定するのは、跳んだり、走ったり、遠くへものを投げたり、というような、身体の可能性のうちのほんの一部の数値化できる能力でしかありません。「運動神経がいい／悪い」というような差別化では決してすくい取れない身体能力というのが人間には備わっています。

先ほど挙げた「危険感知能力」や「気の感応力」は人間が生物として生き延びてゆくために必須《ひっす》の身体能力ですが、現在の学校体育にはこのような能力を開発するための教育プログラムはありません。

目の前で人が動いているのを見て取って、それを身体的に記憶し、再現できるというのは、視覚情報を運動的に読み替える身体的な翻訳機能です。この能力は、舞踊や武術の形稽古においては不可欠のものですが、こういう能力についても学校体育ではほとんど評価の機会がありません。

ただこれには歴史的な理由もあるので、学校だけを責めることはできません。というのは、かつて、軍国主義の時代にイデオロギー的に武道が使われたせいもあって、武道が錬成してきた、人間の潜在能力の開発のための伝統的な技法の系譜が戦後に途絶えてしまったからです。

戦後、日本に駐留したアメリカ軍は剣道と柔道を禁止しました。チャンバラ映画や「武道」ということばの使用さえ禁止されたのです。戦後一〇年くらいしてからようやくその禁止は解けましたが、その「復権」の過程で、従来の武道の持っていたイデオロギー的要素と一緒に、伝統的な訓練法も切り捨てられてしまいました。

アメリカ的なスポーツ観にすり寄るような、「武道は、スポーツであり、ゲームであり、プレイである」という読み替えが、公的な認可の取り付けのために必要だったのです。その過程で、武道の伝統的な能力開発法である呼吸法、瞑想《めいそう》法、煉丹《れんたん》法、気の錬磨、形稽古などは、武道のイデオロギー的、宗教的ファクターと一緒に、いわば「産湯と一緒に赤ん坊を棄てる」ようなしかたで、組織的に現代武道から排除されることになったのです。

これは武道にとってはとても不幸なことだったと思います。

武道において、ほんらい、「試合」というのは副次的なもので、術技の達成段階をチェックするために、ときたま行われただけでした。武道の稽古は、先ほど挙げたような、内在的な能力の開発プログラムと形稽古がメインだったのです。

そのような伝統的な武道教育メソッドは戦後の学校体育からはほぼまるごと排除されました。一つには呼吸法や煉丹法のようなものはそもそも点数の付けようがありませんし、勝敗も決められません。形稽古にしても、身体を練るための工夫ですから、「誰が一番きれいに形を遣うか」というような競争をするためのものではありません。だから、「競技」にならないのです。

それに武道はほんらいマンツーマンのもので、師匠に「受け」をとってもらって、形を遣いながら教わる術技ですから、一人の教師が五〇人の生徒を一気に教えなければならないという「全級一斉」という条件にはなかなかなじまないものだったのです。

武道の持っていた非常にデリケートな体の扱い方についての技法の伝統はそのようにして「表《おもて》の体育」から姿を消してしまいました。

その後も学校体育は武道に限らず、身体感受性を伸ばすということにはなぜかほとんど関心を示してきませんでした。むしろ、生徒管理の必要上、そのような感受性を殺すことの方に熱心なのではないかと疑いたくなることがあります。

たとえば、竹内敏晴《としはる》さんがひさしく批判なさっている、学校体育におけるいわゆる「三角坐《すわ》り」というものがあります。「体育館坐り」とか「運動会坐り」というふうに呼ぶ学校もあるそうです。

これは竹内さんの調べられたところでは、一九五八年に文部省の指導で導入され、しだいに全国に広まったものだそうです。

「三角坐り」というのは、腰を下ろして、両足を前に立てて、両手で膝《ひざ》を抱く、という坐り方です。合気道の道場に来た学生に向かって、ぼくが説明のために「はい、坐って下さい」というと、何人かがこの坐り方をします。みんなが正座している中で、一人二人が膝を抱えて坐り込むと異様です。

はじめてそうされたときは、何て恰好《かっこう》だろうと、こちらもむっとしました。でも、よくよく顔を見ると、きらきらした目でこちらを注視しています。ですから、これは別にぼくに対して失礼な姿勢をしているわけではなく、むしろ教師に対して「恭順の意」を表明するときにこそ、この子たちは、こういうふうに坐るのだ、ということが分かりました。

しかし、また何という坐り方でしょう。

両手でしっかりと自分の体を抱きしめているわけですから、声も出せないし、手も足も動かせません。胸を押しつぶしているから深い呼吸もできません。自分の身体そのものを監獄にして、そこに自分を閉じ込めるような身体運用なのです。

身動きならず、手も足も出ないような状態に子どもを置くというのは、いったいどういう発想なのでしょうか。確かに、子どもを管理するためには便利な方法でしょう。私語も立ち歩きも手遊びもできないし、そもそもろくに酸素も吸えないのですから。

しかし、こんな姿勢が、人の話を聞くときの標準的な身体作法だと思っている子どもたちを何十年にもわたって日本の学校は大量生産してきたのです。そんな子を見ると、ぼくは一人一人に「その形はよくないよ」、「背中曲がっちゃうし、腰も痛むし、呼吸もできなくなるから、ちゃんと正座しなさい」って言います。でも、子どもたちは「正座は苦しい」と思い込んでいます。そして、自分の身体をぎゅっと締めつけるこの「三角坐り」の方が楽だというのです。

正しい姿勢で正座するというのがどれくらい気分のよいものか、この子たちは知りません。たぶん「正座させられる」というのは、学校時代には体罰としてしか経験されていないのでしょう。

戦後の日本は、伝統が何百年もかけて培ってきたさまざまな身体技法を組織的に破壊してきました。もちろん、外国にもすぐれた身体技法はたくさんあります。ぼくはそれを否定しているわけではありません。でも、日本固有の文化の中で培われてきた、日本の風土になじんだ、日本人の体型や感性に合致した身体運用の中には今でも有効なものがいくつもあります。儀礼的なものにしても、身体技法にしても。

「昔からあるものだから、やりなさい」と言っても誰もやらないでしょう。しかし、これこれにはこういう合理的な意味があり、これこれこのように体系化されているのだということを一つ一つきちんと教えてゆけば、きっと日本の若い人たちも、伝統的な身体運用を再評価してくれるようになるだろうとぼくは信じています。

武道への目覚め

甲野善紀先生や黒田《くろだ》鉄山《てつざん》先生のような天才的な武術家はなぜか口を揃えて、学校時代の体育の成績が非常に悪かったと語っています。ミュージシャンの多くが、学校時代に音楽の成績がひどかったとか、作家が国語が苦手だったとか、アインシュタインが物理学で落第したとかいう話とどこか通じているような気がします。たぶん、学校教育は、人間の持っている能力のうちのほんの一部分しか査定できないということなのでしょう。

ぼく自身も子どもの頃、体育の時間が大嫌いでした。

走るのも、跳ぶのも、ものを遠くに投げるのも、全部苦手でしたから、体育の成績はいつも最低でした。それに小学校低学年のときに重い心臓病を患ったことがあって、どうせ自分は身体を使うことには向いてないのだろうと思っていましたし、周囲もそう思ってあきらめていました。

でも、なぜか子どもの頃から武道が好きで、やりたくてやりたくてしかたがない。道着に袴姿《はかますがた》で竹刀を背負って道場に通う近所の年上の少年たちの姿が眩《まぶ》しいほどかっこよく見えたからです。

もしあれがジャージでスニーカーだったら、たぶんぼくは何も感じなかったでしょうから、ぼくを武道に惹《ひ》き付けた最初はあの「スタイル」だったのです。

それとぼくは「武道の道場」というところにおける師弟関係に、漠然としたあこがれを持っていたように思います。学校にも確かに立派な先生、尊敬できる先生は何人もいましたが、学校の先生は学習指導要領に基づき、限定的な知識を教えるという職務の内側に踏みとどまっています。ぼくのまったく知らない「超人的な世界」というようなものへのアクセスを提供するようなことは、もとより彼らの仕事ではありませんでした。

でも、武道の師弟関係では、そんなものとは別種の、もっとスケールの大きい、射程の遠い技法や情報がひそかに伝達されているのではないだろうかという期待が子どものぼくにはありました。千葉周作と赤胴鈴之助とか、戸沢白雲斎と猿飛佐助とか、澤庵《たくあん》禅師と宮本武蔵とか、マンガや小説で涵養《かんよう》された想像の中で、ぼくはそんな途方もない夢を育《はぐく》んでいたように思います。

小学校、中学校と五年間ほど剣道をやりましたが、満足したのは、袴が穿《は》けたということと、道場というところのはりつめた空気を吸えた、ということだけで、学校のクラブでやる剣道に精神的なものを求めるのはまるで空しいことでした。

その後、予備校時代に空手を習い、大学で空手部に入りすぐに退部し、それから拳法を少し齧《かじ》って……というふうに打撃系の体術に興味が移ったのですが、どの道場にもぼくが求めているような「師」はいませんでした。

そして、最後に二十五歳のときに、合気道の多田宏先生（九段、合気会本部師範、イタリア合気会最高師範、多田塾主宰）の自由が丘道場の門を偶然叩《たた》いたときに、探し求めてきた理想の「武道の師」に出会うことになったのです。以来、ほぼ三〇年にわたって多田先生に師事し、一年のうち二〇〇日くらいを武道の稽古《けいこ》に当てているわけです。

家から一番近い武道の道場なら通うのに楽だろうと思って、合気道の何であるかも知らずに、適当に入門したら、そこが国際的な武道家の個人道場だったのですから、これを「武運」といわずして何というべきでしょう。

はじめて袴を穿いた少年の姿を見て電撃的衝撃を受けた小学生の頃から、三島由紀夫とブルース・リーに触発されて打撃系体術に励んだ学生時代を経て、ようやく二十五歳にしてぼくは武道の師に出会うことができました。子どもの頃から切実に師を求めてきたからこそ、天はぼくにこの出会いを恵んでくれたのだとぼくは信じています。

学校の体育の成績がいくら悪くても、医者に運動を止められても、自分の身体が何かしたくてうずくように運動を求めるということはあります。それが、その人の身体がしたがっていることなのです。

小中学校の頃の体育の授業での、ぼくの鈍足ぶりやボールゲームでのもたつきぶりを知っている旧友たちは、ぼくが今大学で体育正課の教師をしていると聞いたら仰天するでしょう。子どもの頃、ぼく自身もぼくのまわりの誰一人、ぼくの中に未開発の潜在的な身体能力が豊かに蔵されているということに気づかなかったのです。

だから、ぼくが世界中の「運動神経の鈍い子」に言いたいのは、もし、君の身体が何だか分からないけれど、ある動きを求めてうずくようなことがあれば、それは未開発の身体能力が呼び起こされることを求めているのだ、と考えてみるといいよ、ということですね。

形が教えるもの

ぼくはフリー・ジャズが誕生し、絶頂を究め、死滅するまでを、砂かぶりで眺めていた世代に属します。オーネット・コールマンから始まって、アーチー・シェップ、アルバート・アイラー、セシル・テイラー……彼らの音楽をはじめて聞いたとき、言いたいことは分かるけれど、これは一回きりの表現みたいだなと思いました。

フリーというのは、ジャズの定型を壊したときにはすごく一瞬のきらめきがありました。それはほんとうに衝撃的な経験でした。でも、それを延々とやるものではありません。たぶん聴いている方より先にやっている方が飽きてしまうのでしょう。

フリー・ジャズのムーヴメントは、六〇年代の終わりにジョン・コルトレーンが死んだところで終わりを迎えました。一つのジャンルの生まれ方と死に方としては、あれほどみごとなものは音楽史にも例がないのではないでしょうか。

それに比べると、パンクは、商業的なロックに対するアンチテーゼとして出てきましたが、基本的にはバンド編成はギターとドラムとベースにキーボードとヴォーカル。一応決まったコード進行がありと、最低限の定型をキープしたからこそ、三〇年続いているのだと思います。

定型があるものの方が「飽きない」のです。

制限のない表現は、ある危うさを抱えています。

たとえば、ポール・ヴァレリーの有名な建築論に『エウパリノス』というものがあります。これは確か限定出版の豪華な建築写真集に添えられたエッセイだったと思います。版型も頁数もあらかじめ決まっていて、何頁のここに何行と、字数と段落がすべて指定されていた上で執筆依頼されたヴァレリーはその制約の中で、彼の最高傑作の一つを書き上げました。

どういうわけか分かりませんが、「何でも好きなことを、好きなだけ書いていいよ」という無条件の場合よりも、制約を受けた方が創造意欲が湧くということは人間の場合にはあるのです。

漱石の小説は、ほとんどすべて連載小説でした。新聞連載ですから、毎回読み切りでオチがないといけません。そういう制約の中で、『虞美人草《ぐびじん》』『それから』『こゝろ』などの傑作が生まれたわけです。

形式は表現にとって「ネガティヴな条件」です。

そして人間というのは、ほんとうに不思議なことですが、ネガティヴな条件づけをされているときに、それをどう突破するか創意工夫をこらすことを通じて例外的な創造性を発揮するものなのです。

武道の形稽古の多くは、奇妙な身体運用を術者に要求します。日常生活では決してしないような怪しげな身体の使い方をしないと、その形をクリアーできません。

なぜ、このような不自然な条件づけがあるのか、最初の頃、ぼくはよく分かりませんでした。しかし、長く稽古をしているうちにだんだんと分かってきました。

これは一種の「謎」なのです。

この形は「どうして、こんな形を遣わなければならないのか、その理由を自分で考えてごらん」という問いのかたちでぼくたちに投げ与えられています。

その問いに答えるためには、ぼくたちは「武道とはそもそも何のためのものなのか」という根源的な問いに繰り返し立ち返ることを求められます。その問いを繰り返し参照することなしには、暫定的《ざんてい》な答えさえ出せないからです。

最初のうちは、形そのものができませんから、もともとの意味が失われて形骸化《けいがいか》した、ただの無意味な身ぶりなんじゃないかなという疑念が湧いてきます。これが最初のハードルです。この段階で「降りてしまう」人間がいます。だから形なんか無意味だ、という安直な結論に飛びついて、形稽古を止めてしまうか、自分がやりやすいように形を変えてしまう人間がいます。

この最初のハードルを跳び越えることができるのは、「武道の形」には「何か今の自分程度の術技では理解が届かない深い意味があるに違いない」と思える人間だけです。

自分に分かること、自分にできることだけをやる人間と、自分に分からないこと、自分にできないことだからこそやりたいと思う人間を「スクリーニング」するこれが最初のハードルです。武道が求めているのは、そういう小さな自我の殻を破ることのできる人間です。

その次は、ある種の形がある種の身体部位の微妙な使い方を要求することに気づく段階です。

なるほど、これが「武術的身体運用」というものかと、はじめて「腑《ふ》に落ちる」経験をするのがこのときです。こういう身体運用が自動的にできるようになればよいのだな、と納得がゆくのです。

でも形というものの奥深さは、おそらくそれにはとどまらないものだと思います。ぼくは今はまだその段階にとどまっていますけれど、「この先がある」ということについて確信が出てきました。うまく言えませんが、それはこの「形を棄てる」という段階が次に来るはずだ、ということです。

形という人間の身体の動きをわざと不自由にさせるようなネガティヴな条件づけをするのは、そのような条件づけを「ぜんぜん気にしない」ような心身の状態を作り出すための教育的な布石ではないかと思うのです。

どの芸道でも「守破離《しゆはり》」ということが言われます。

規範に従う段階、それを破る段階、そしてそれから離れる段階。

こういうことばの教育的な意味が最近になってようやく少しずつ分かってきました。

ぼくは今杖《つえ》や剣をつかう身体運用の稽古もしているのですが、その形を遣っていてぼんやりと思うのは、杖や剣を、あたかもそんなものを自分も相手も持っていないかのように身体をつかわせるために形があるのではないか、ということです。

中島敦《あつし》の『名人伝』は古代中国の紀昌《きしよう》という弓の名人の逸話です。

世に並ぶ者なきといわれた弓の名人紀昌はさらなる境地を求めて甘蠅《かんよう》老師という弓の名人に就いて山中に籠《こ》もり、多年の修行の後、弓も持たず、愚者のような顔つきになって長安の都に戻ってきます。しかし、首都の人々はついに戻ってきたこの弓の名人の噂でわきたちます。盗賊は怖れて、彼の住む街区を迂回《うかい》し、空飛ぶ鳥でさえ、紀昌の家の上空は避けたほどです。

そして、紀昌はついに二度と弓を手に取ることなく没するのですが、晩年に、知人の家に招かれ、その家に置いてある、ある器具に目を留め、「これは何というものですか？」と主人に訊《たず》ねました。主人は冗談だろうと思って一度目は取り合いませんでしたが、紀昌が重ねて問うたので、彼がほんとうにそれが何であるかを忘れていたことを知った、という逸話が残されています。

この話のオチはもうお分かりでしょう。

紀昌は弓という道具もその用途も忘れていたのです。

この話は武術に限らず、芸術の本質をみごとに衝《つ》いていると思います。

あらゆる道具についての訓練は、それがあることを忘れさせるためにある。同じように、人間の身体についてのすべての修行は、人間が身体を持っていることを忘れさせるためにある。

これは別に哲学的な話ではありません。

ぼく自身が武道の稽古をしてきて、感覚として分かったことです。まだ、どういうふうにすればその境地に達することができるのか、その道筋は分かりません。でも、「この方向だ」ということは確信できます。そして、この知見は武道のみならず、あらゆる人間的事象にかかわる真理に通じているとぼくは思うのです。

職人考

ぼくの師匠、合気道の多田先生も、懇意にして頂いている武道家の甲野善紀先生も、「職人」というものに深い敬意を抱いています。多田先生が、座談のときに好んで話されるのは卓越した職人の話です。先生によると、日本の職人というのは、非常に高い技術水準を誇っています。近代的な製造業であっても、そのたいせつなポイントには、たいてい超人的な技術力を持ってる人がいます。

たとえば計測機器。日本はすごく優秀なものを持っていますが、計測機器そのものは人が手で作っています。指先で計測機器の誤差をチェックし、何ミクロンの違いや歪みを見抜きます。計測機器を作る計測器はないわけですから、最後は人間の手でやるのです。

米粒に千字書くという職人芸があります。これもちゃんと方法があって、それを習得すると、米が大きく見えてくるので、別に苦もなく字が書けるのだそうです。

これは、人間には潜在的に非常に高い能力があるということと、それを引き出すには伝統的なメソッドがある、ということを教えてくれます。

職人の基本は、人間の能力に対する深い信頼と、能力の開発のための経験的方法、この二つに尽きると思います。

何年か前、小学校六年生へのアンケートで「なりたい職業」第一位大工さんという記事がありました。それを新聞で見たとき、「最近の子どもも、世の中の変化をちゃんと感じてるんだな」と思いました。職人的なものに対する敬意が高いというのは、とてもよいことだと思います。

技術力に対する尊敬の念があるということは大事です。ほかの外国に比べても、日本は職人的な技術力に対する社会全体の尊敬が高い方だとぼくは思います。

日本の産業がこれから先、国際競争力を維持するには、もの作りしかないと考えています。職人芸的な伝統があって、非常に高い技術力のある人がまだいて、それが継承されてメソッドもまだ生きてるのですから、それを大事にしてよい品物を作っていくことがたいせつです。

日本の底力は、たとえば、自動車が電気自動車に変わるというような、（蒸気機関からガソリンエンジンに変わったぐらいの）産業革命的な大変化が起きたときに発揮される可能性があるとぼくは思っています。標準が一気に変わって、それまでのテクノロジーのパラダイムがいったん「リセット」されたときにどれだけ早く適応できるか、それが生き残りの鍵《かぎ》だと思います。

OSにしろ、通信にしろ、まだ規格がばらばらですよね。でもいずれそれが何かのきっかけで統一される。それがいつかは誰にもまだ分からない。でも、そういうときは必ず来ます。そのときに日本製品が「世界標準」になれば、一瞬の隙に世界市場を席巻《せっけん》することができる。そういう潜在的な技術力が日本にはあると思います。

携帯電話の日本での普及率や、その性能の進化は驚くべきものだと思います。なにしろ、もとが米粒に千字書く文化ですからシャープペンシルのグリップに電卓つけるような、小さいものに性能を凝縮させて詰め込むのが日本人は得意なのです。

物をいじって製品を作り出すというのは、人間にとってたぶん根源的な営みだと思います。電話一本で、株価操作でいくら儲《もう》かったというようなことでは得られない種類の達成感がそこにはあると思います。「ものを作ってこそ」というのは、産業構造云々という問題よりも、人間そのものの成り立ち方からして、人がこだわり続けないといけないことなのだと思います。

書物について

仮に書籍というメディアがなくなって、データをパッケージしてインターネット上で公開し、それを課金するとかいうシステムができたとしても、書く方は達成感がないでしょうし、読む方も物足りないでしょう。

本の場合は、本という「もの」があって、読んで、読み終わって、本棚にしまっておくと、目の見えるところに自分の知的なストックがだんだんたまっていって、目に見える自分の知識として実感できるというのがよいところです。

仮に本が一冊もなく、全部の情報がパソコンに入っていたとしたら、自分自身の知的なストックってどれくらいあるのか、ほんとうのところ確信が持てなくなるのではないでしょうか。だけど、本棚に何百冊かずらっと並んでいると、毎日何とはなしに、本の背表紙と顔を合わせることになります。そうすると、マルクスとかフロイトとかサルトルとかいう文字を見るたびに、ああ、自分はこういう本読んで大きくなってきたんだよな、という自分の精神史を確認できます。自分自身の知的なポジションとか、発達プロセスをビジュアルに確認できます。

何年も前に読んだ本をたまに出して見ると、線が引っ張ってあったり、欄外に書き物がしてある。バカなことを書いているなと思うこともありますし、前読んだときには、なぜここに気がつかなかったんだろう、なんでここに線が引っ張ってないんだろうと驚くこともあります。本はそういう具体的な、単純なデータには還元できない無数の情報を含んでいます。

現に本というのは、情報を検索するときでも、たいていはコンピュータより早いのです。自分の本棚を振り返って、あんな感じの赤い本で、ちょっと端っこ汚れてる真ん中あたりの頁の上の方に、確かこれに関する記述があったな……という感じで探すと、ハードディスクを検索するより早く捜し物を見つけることができます。

書籍という情報媒体は人類の発明のうち最高のものの一つですから、いくら出版不況といっても、よほどすぐれた代替メディアが出てこない限り、なくなることはないでしょう。持ち歩けて、電車の中でも、ベッドの中でも、トイレの中でも、お風呂《ふろ》の中でも読めて、書き込みができて、線が引けて、頁を折り返せて、破り取れて、必要とあらばものを包んだり、燃やして暖をとることもできる情報媒体なんて、ほかにないですよ。

書物の文化というのはなくならないと思いますし、書物がなくなったら、本を書く意欲というものを、おそらく作り手の方が先に失ってしまうのではないでしょうか。

新聞だって、現にインターネットで記事を配信してもらっている人に聞くと、昔みたいに隅から隅まで読むということはなくなったと言います。

新聞には確かにまじめに読む気にならない記事も多く含まれています。投稿欄とか怪しげな薬剤や器具の広告とかゴシップ週刊誌の広告とか……でも、そういう「どうでもいいような記事」に時代の流れが端的に表象されるということはあるわけです。

一〇年くらい前、バブルの終わりの頃、ある朝、新聞からバラバラと落ちてくる折り込み広告を眺めていたら、不動産の広告とエステの広告と学習塾の広告だけが十数枚入っていたことがありました。それを見て、「あ、そうか、今はそういう時代なんだ」ということが身にしみて分かりました。

お父さんはお金を貯めて土地を買い、お母さんは美容に励み、子どもは塾に通って学歴を上げる……どんな解説記事よりも雄弁に現代日本の「貧しさ」と家族たちの欲望の絶望的な断絶がここに語られていました。

そういう付随的というか非主題的な情報の大量提供というのは、新聞の宅配システムというものによってしか担保されないんじゃないですか。たとえば、近所のスーパーでキャベツが一個いくらか、というような情報はふつうのサラリーマンはそこからしか入手できない。

前に小田嶋隆が、新聞広告「だけ」の宅配に月五〇〇〇円までなら払ってもいいと書いていましたけれど、それくらいの価値の情報は含んでいると思いますね。

書籍という形態も、新聞という形態も、しばらくはなくならないだろうと思います。現に、ぼくの出しているいる本のうちいくつかはホームページに載せて今すぐ誰でも読める状態になっているテキストを編集したものです。インターネットにつないでいる人なら誰でもただで読めるものをわざわざ本にして売っている。それが分かっていて本を買ってくれる人が何千人もいる。

コアな読者の中には、ぼくのホームページのコンテンツを自分で編集して、項目を立てて、自分のパソコンに「私家版・ウチダ本」というものを作っている人がいますけれど、ありがたいことに、その人も本が出るとちゃんと買ってくれます。それは、他人が編集した本はコンテンツが重複していても、やっぱり「別の本」だからですよね。

現に今書いているこの本だって、ぼくがホームページの「どこか」でもうすでに書いていることと内容的には重複しているわけです。ほとんど、どこかで聞いたような話の蒸し返しなわけです（同じ人間が書くことですから、そうそう違うわけがありません）。だから、今読んでいる人の中には「あ、これ読んだ、これ前に聞いたことがある」ということがそこここにあると思います。でも、「だから買わない」ということにはならない（現に、今、買って読んでるし）。

ある著者の「愛読者」というのは、その人の「新しい話」を読みたくて本を買うわけじゃない。むしろ「同じ話」を読みたくて本を買うんだと思います。

志ん生の落語を聴きに来る人は、「前に聴いたのと同じの」を聴きに来るわけです。「まくら」が同じだと言って喜び、「オチ」が同じだと言って喜ぶ。そういうものですよね。現に、志ん生が「ま、ここはあたしに任しておいて下さい」というと会場はわっと湧きます。こういうのは林家三平の「身体だけは大事にして下さい」とか、植木等の「お呼びでない？」と一緒で、「同じことばだから」いい、というものなんですよ、ほんとに（たとえが古いですけど）。

桑田佳祐君の音楽なんかだって、ファンは毎度「違う音楽」を聴きたいんじゃないと思いますよ。『勝手にシンドバッド』と同じ曲想の音楽を何度も何度も聴きたいんですよ。

音楽というのはそういう麻薬みたいなもので、同一のものが微妙な差異を含みつつ反復することのうちに快楽があるわけです。それこそがポピュラー音楽の王道なわけです。「新しい音楽性を求めてグループ解散」とか「同じものばかり求めるファンにはもうつきあっていられない」とかいう「クリエイティヴな」ミュージシャンがいますけれど、そういう人って、たいていその後人気なくなりますよね。

同じものの反復服用が快感なんだ、ということがこういう「クリエイティヴ」な人には分かってないんじゃないかな。

これは内田百閒《ひゃっけん》先生に教えて頂いたことですが、同じものを食べ続けていると「味が決まる」ということがあります。

百閒先生は、ある時期、昼食に蕎麦《そば》を食されることを習慣とされていた。同じ蕎麦屋から毎日同じもり蕎麦を取る。別にうまい品ではない。でも、毎日食べていると「味が決まってくる」。食物を待望する胃袋と嚥下《えんげ》される食物の質量が過不足なくジャストフィットすると、たかがもり蕎麦がいかなる天下の珍味も及ばぬ、極上の滋味と感じられる。たまたま出先で時分どきを迎えたりすると、もういつもの蕎麦が食べたくて我慢できない。先方が気を利かしたつもりで「鰻丼《うなどん》」など取ると、百閒先生はこれを固辞されたそうです。

快楽はある種の反復性のうちに存する。これを洞見と言わずして、何と言いましょう。

「同じものばかり求めるファンは怠慢だ」という人がいますけれど、それは筋違いですよ。ファンほど快楽の追求に貪欲《どんよく》な存在はありませんから。それこそが「正しいファン」のあり方なんです。

ぼくがひそかに「心の師」と仰ぐ大瀧詠一《おおたきえいいち》さんが、山下達郎《たつろう》君に向かって、彼が比較的同じタイプの楽曲を繰り返し制作するのを評して、「山下君は偉い！　それはね、同じものを求めてやまないファンに対する、君の大いなる愛情だよ」と何年か前の『新春放談』で言ってましたけれど、この批評は適切だと思いますね。

桑田君とか山下君とかって、やっぱり愛情がある人なんですよね。ファンに迎合しているということじゃなくて、愛情がある。だからこそ、彼らの音楽は二〇年にわたって支持されてきたんだと思いますよ。

志ん生師匠や百閒先生や山下達郎君と比較するのは僭越《せんえつ》ですけど、こういう本を作るときの要諦《ようてい》というのも、やはり「だいたい同じで、ちょっとだけ違う」ということだと思います。トピックは違っても、切り口はいつもと同じ、というものを読者は求めていると思います。少なくとも、ぼくが本を読むときはそうですね。

ぼくは村上春樹と橋本治と矢作《やはぎ》俊彦と村上龍と高橋源一郎のものは新刊が出ると本屋に走って行って買いますけれど、みんなほんとうに律儀に「いつもと同じ」ことを書いているんですよね。だから大好きです。

村上春樹が六〇年代ポップスの悪口を書き出したり、矢作俊彦が横浜に飽きたり、高橋源一郎が健康のためにジムに通い始めたりしたら、がっかりしちゃって、もう読む気なくなりますよ（いや、読むかな、やっぱり）。

Ⅳ 「らしく」生きる

アイデンティティという物語

日本では伝統的に職業によって、衣装、ことばづかい、身体作法が型として細かく分かれていました。

身分制社会というと、すごく各階層が固定化されてるイメージがありますが、実際にはけっこうルーズだったんです。実際に固定されていたのは、ある身分の、ある立場の人間は決められた「型」をきちんと守らなければいけない、という「見せかけ」の問題であって、「人間そのもの」の内面とか本質とかいうことが固定されていたわけではないのです。だいたい「内面」とか「アイデンティティ」なんていう概念そのものが近代以前には存在しなかったんですから。

たとえば、御家人《ごけにん》といったら徳川の直参《じきさん》ですが、この御家人になるには御家人株というものを買えばよかったのです。別に血統がどうこうという問題じゃなくて、株を売りたい人がいて、買い手がつけば、それで商談成立。苗字《みょうじ》帯刀を許された農民の子弟が幕末にじゃんじゃん「志士」として登場してくるのにはそういう仕掛けがあるわけです。

勝海舟《かつかいしゅう》のお父さん、勝小吉《こきち》は男谷《おだに》という家から出た人ですが、その祖父の男谷検校《けんぎょう》という人は越後《えちご》から流れてきた盲人の高利貸しです。莫大《ばくだい》な資産を一代で築き上げて、江戸の地面の何分の一かを所有する大地主になる。検校というのは、盲者の最高位ですが、これも買ったものです。そして子のためには御家人株を買う。そして子どもたちは幕臣になったのです。

誰でも知っている新撰組《しんせんぐみ》の近藤勇《いさみ》や土方歳三《ひじかたとしぞう》は、もとは多摩の農民です。近藤勇は剣術の腕を見込まれて天然理心流《てんねんりしんりゅう》試衛館《しえいかん》の近藤周助の養子に入り、浪士隊からのし上がって、最終的には幕府の重臣になる。農家の息子が一代で士分になり、ついには幕末の混乱期に大名にまであがっていくわけです。

身分制と言うけれど、わりに緩いわけです。黒澤明《くろさわあきら》の『七人の侍』に三船敏郎《みふねとしろう》が演じる菊千代という侍が出てきますね。彼に対して、志村喬《たかし》が途中で「お前、もとは百姓だろう」と言うと、怒って系図を持ち出して「俺はこれだ、菊千代だ」っていうエピソードがあります。

考えてみれば、IDカードも、写真もないわけですし、頻繁な戦争で、あちこちの武家が興亡を繰り返しているわけですから、経歴詐称とか、身分詐称とかいくらやってもチェックのしようがない。別の名前をかたって、知らない土地へ行って暮らしだせば、いかなる身分の者にでもなろうと思えばなれたのです。

現に近藤勇は最後流山《ながれやま》では大久保大和と名前を変えて官軍との交渉の場に出てゆくのですが、それが新撰組の近藤だということは官軍側も誰も確信できないわけです。だって、会ったことないんだから。

アイデンティフィケーションが今みたいに簡単にできない時代であればこそ、逆に、一つ一つの身分における型が決まってくるわけです。

菊千代が咎《とが》められたのは、武士の型にはまっていなかったからです。もし彼がきちんと決められた型さえ押さえていれば、ことばづかいや挙措が「武士らしく」あれば、問題なく武士として遇されたはずです。

アイデンティティが個人にべたっと貼り付いていたわけではない時代においては、「……らしく」ふるまってさえいれば、それがアイデンティティの担保になったわけです。

つまり、近代以前に「型の文化」が成立していた背景には、学生証であれ免許証であれ、その所持者が本人であることを保証するIDシステムが存在しなかった、というごくごく現実的な理由があるわけです。別に文化の水準の問題ではなくて、もっと物質的な事情なのです。

今だったら、どんな風体の怪しい人間が不審尋問されても「私はこれこれこういうものです」と言って免許証や身分証明書を取り出せば、それで納得してもらえますけれど、そういうＩＤがない前近代においては、「きちんと型が使える」ということしかその人のアイデンティティを担保するものがなかったのです。

型の文化というのは、習得すれば誰にでも身につけられるという点では開放的なものです。誰でも自分が選んだ型にピタリとはまりさえすれば、とにかく社会的ネットワークの中ではそれとして認知され、機能するわけですから。

素の自分をひっさげて、まわりの人にゼロから認知させる必要はないのです。「あなたは型が使える？」「はい、使えます」ということで、その人が「誰であるか」を決定して問題がないというのは、個人にとっても共同体にとってもずいぶんと効率がいいシステムだったと思います。

今どきの人が、礼儀にも立ち居ふるまいにも、技芸の習得にもあまり興味を示さないのは、自分のアイデンティティは永遠に確証されているということについて、まことに気楽な信憑《しんぴょう》を抱いているからだとぼくは思います。

「あなたがほんとうは何ものであるかは、あなたが何をできるかによって決められる」ということを、もし「能力主義」とか「成果主義」というのなら、全員がＩＤ抜きで暮らす状況を考えてみるべきでしょう。そんな条件でも、自分は今の社会的ポジションをキープできると確言できるビジネスマンがいったい何人いるでしょう。

エコロジカル・ニッチ論

個性やオリジナリティが追求される一方で、「……らしさ」ということばが死語になりつつあります。老人は老人らしく、子どもは子どもらしく、学生は学生らしく、娘は娘らしくというときの「らしさ」です。

七〇年代以降のメディアは性別や年齢や社会的立場が要請する「何とからしさ」をずいぶん激しく批判しました。「女らしく」、「男らしく」という呪縛《じゅばく》から逃れよう、「夫らしさ」「妻らしさ」「親らしさ」「子どもらしさ」など、社会的立場が強要する「らしい」ふるまいこそ人間の個性を押しつぶす文化的な抑圧の装置である、というような言説をぼくたちはこの二〇年間くらいずいぶん聞かされてきました。

そのキャンペーンの甲斐《かい》あってか、今どきの女子中学生には電車に坐《すわ》り込んで「がはは」と笑いながらパンを食べたりする子がもう珍しくありません。料理も裁縫もできないと公言してはばからない若い女の子はどんどん増えていますし、その一方で妻子を養うなんてめんどくさいことはノーサンキューと言い放つ若い男の子も同じだけ増えています。子どもから「家長」としての権威を崇敬されている父親などはもう絶滅寸前種です。

こういうありさまを個性の全面開花がめでたく実現された姿であるとして拍手喝采《かっさい》する人もいるのかも知れませんが、ぼくはこのような社会の変化はあまりよいことだと思いません。

ここまで繰り返し言っているように、社会システムの安定はそれが細かい下位集団に分かたれていることによって支えられています。それはどんな生物集団でも同じです。動物の場合、同じサバンナに、夜行性の動物、昼行性の動物、草食の動物、肉食の動物、新鮮な肉を好むもの、腐肉を好むものなどが「棲《す》み分け」をしています。

それぞれの種がその生態系において占める固有のポジションのことを「エコロジカル・ニッチ（生態学的地位）」と言います。

生物たちはそれぞれ微妙に差異化されたエコロジカル・ニッチに棲み分けています。それによってはじめて、有限の資源を最大限に活用することが可能になるからです。

当然ですよね。一本の木にしても、そこに夜行性の動物と昼行性の動物が棲み分けをしていれば、一方が捕食やら巣作りやらをしているときに、他方はぐっすり眠り込んでいるわけですから、いないのと変わりません。同じ空間を共有しながら、顔をつきあわせることがないんですから、競合も闘争もありません。

空間が無限に広く、餌が潤沢にあるなら、ニッチへの棲み分けは必要ないでしょう。限りあるものを分かち合わないといけないからこそニッチが必要なのです。

まずこのことを念頭に置いておいてほしいと思います。

限りある資源を分かち合って利用するためには、生物はそのふるまい方を多様化する方が有利である、これが生物と環境の基本的関係です。

ニッチの多様化は個体の生存だけでなく、同時にシステム・クラッシュのリスクを回避するためにも必須《ひっす》のものです。

システムはそれを構成するファクターが多様であればあるほど、安定的です。それは潜水艦がたくさんの遮蔽《しゃへい》壁で細かいキャビンに分かれているのと原理は一緒です。もし潜水艦が壁なしのワンルームであれば、一カ所浸水したらあっというまに船は沈没してしまいます。でもどこかのキャビン一カ所だけ浸水しても、ハッチを閉めてしまえば、後の場所には浸水してきません。

ぼくはコンピュータはマックとウィンドウズを使っています。回線はLANと電話回線と二つのPHSを使い分けています。こうしておくと、ウィンドウズマシンだけを攻撃するウィルスがいるときでもマックは稼働しますし、大学のLAN回線がダウンしても、電話やPHSは生きてます。こういうリスク分散は危機管理の基本です。

「ほとんど同じ機能を果たすけれど、ほんの少しだけふるまい方が違う」ものたちが微妙な差異で隔てられつつ、ずらずらと並列していることが必要なのは、そういう理由によるのです。

ウマとシマウマは解剖学的組成もふるまい方もほとんど同じですけれど、少しだけ違います。ですから、ウマだけが罹患《りかん》する伝染病でサバンナのウマが全滅しても、ウマがその生態系で果たしていた役割（ある種の植物を食べてその残滓《ざんし》を糞《ふん》としてばらまくとか、ある種の肉食獣の餌となるとか）は「隣のニッチ」にいたシマウマ君によって代替可能なのです。ウマが病気で全滅しても、ライオンは「じゃあ、シマウマ食べよう」で済むわけですから、サバンナ生態系の安定は維持されるのです。

人間社会のコンピュータ・ユーザもサバンナの生態系も、システムの生存戦略は変わりません。少しずつふるまい方の違う集団がグラデーションを描いてずらりと並んでいること、それがシステム・クラッシュを回避するための基本なのです。

その上で、人間の場合は、文化的制度として作り出された「……らしさ」が動物における「エコロジカル・ニッチ」の代用をしているとぼくは考えているのです。「男は男らしく」「女は女らしく」「子どもは子どもらしく」「老人は老人らしく」というときの「らしさ」というのは、いわば潜水艦における遮蔽壁のようなものです。その壁で隔てられているために、人間社会が提供しうる有限の資源の分配に際して、暴力的な競合が回避されている。「壁」というのは、「欲しいもの」が同時に同じ対象に集中しないように、うまくばらけるように按配《あんばい》された制度です。同時に、「似ているけれどちょっとだけ違う」ものの間に「遮蔽壁」を作って社会を細かいセクションに分けておけば、どこかのセクションが壊滅的な被害を受けた場合でも、システム・クラッシュのリスクを回避することができます。

映画で、家長である父親が死んだときに、部族の大人が幼い子どもを呼び寄せて、「これからはお前が父親に代わって、母親と幼い弟妹を守るのだ」というような説教をする場面がありますね。そういう局面で「え、ぼくまだ子どもですから、そんなの無理です」というような対応をする子どもはあまり見かけません。というのも、「大人の男」と「子ども」の間の境界線などというものは「あって、ない」ようなものだということを、子どもの方も実は知っているからです。

そのような文化的な障壁はただの約束事にすぎません。

一家に二人家長がいると指揮系統が混乱するから、父親が元気なときは、立派な成人でも「子ども」扱いし、逆に、父親がいなくなれば、まだ身体的には子どもでも、いきなり「成人」の社会的機能を果たすように求められる。それで、別に誰も困らない。

単なる約束事なんだからやめてしまえという前に、どうしてそういう約束事を人間社会は制定したのか、その理由について少し考えてみた方がいいのでは、ということをぼくは申し上げているのです。

公人と私人

近年の政治家や官僚について、ぼくが一番不満なのは、彼らのふるまい方が「らしくない」ことです。彼らは政治家らしくも、官僚らしくもなく、まるで「ふつうのサラリーマン」のようです。

出世したい、人をあごでこき使いたい、誰も知らない株価情報を手に入れたい、大きい家に住みたい、大きな車に乗りたい、仕立てのよい服を着たい、若い愛人が欲しい、巨額の定期預金残高が欲しい……というような欲望に衝《つ》き動かされているのでは、彼らにとって国益が二次的なものになるのは当たり前です。

ほんらい政治家や官僚は、国家社会の危機的局面に際会したときに、卓越した判断を下したことによって歴史に名をとどめることを欲望するという「変わった欲望の持ち主」が担うべきなのです。

じゃあ、小沢一郎とか石原慎太郎とか「大言壮語」するタイプの政治家がいいんですか、と言う人がいるかも知れませんが、あの人たちの経国済民の大演説だってぼくはずいぶん薄っぺらだと思います。

彼らはことあるごとに「日本の国益」について語りますが、その日本の「国益」を論じるときに、あの方たちは、自分たちの意見に反対する人間を「日本人」にカウントしていないでしょう。自分に反対する人は簡単に「非国民」と切り捨ててしまう。あの方たちにとっては、「自分に賛成する人間」だけが「日本国民」で、彼らに反対する人間は日本人に含まれないんです。それなら確かに「国益」を守るのだって、たいして難しくはないでしょう。

国益とか公益とかいうことを軽々と口にできないのは、自分に反対する人、敵対する人であっても、それが同一の集団のメンバーである限り、その人たちの利益も代表しなければならない、ということが「国益」や「公益」には含まれているからです。反対者や敵対者を含めて集団を代表するということ、それが「公人」の仕事であって、反対者や敵対者を切り捨てた「自分の支持者たちだけ」を代表する人間は「公人」ではなく、どれほど規模の大きな集団を率いていても「私人」です。

自分に反対する人間、自分と政治的立場が違う人間であっても、それが「同じ日本人である限り」、その人は同胞であるから、その権利を守りその人の利害を代表する、と言い切れる人間だけが日本の「国益」の代表者であるとぼくは思います。

自分の政治的見解に反対する人間の利益なんか、わしは知らん言ぅような狭量な人間に「国益」を語る資格はありません。

オルテガ・イ・ガセーは「弱い敵とも共存できること」を「市民」の条件としていますが、これはとてもたいせつなことばだと思います。

「弱い敵」ですよ。

「強い敵」とは誰だって、しかたなしに共存します。共存するしか打つ手がないんだから。でも「弱い敵」はその気になれば迫害することだって、排除することだって、絶滅させることだってできる。それをあえてしないで、共存し、その「弱い敵」の立場をも代表して、市民社会の利益について考えることのできる人間、それを「市民」と呼ぶ、とオルテガは言っているのです。

これが「公」の概念ということの正しい意味だとぼくは思います。

「公共の福利」とか「国益」という概念も、「人類益」というもっと大きなフレームワークから考えると所詮《しょせん》は「せこい」話なんです。「せこい」話なんだけれど、この程度の「せこい」利害でさえまともに代表できる人間がいない、それを代表することのほんとうの意義が分かっている人間がいない、というのが今の日本の政治の病根の深さを表していると思いますね。

不祥事を多発させた大企業の経営者もこれと同じです。

ゼロからの起業とか、危機の乗り切りこそがマネージャーにとって最大の勲章になるはずです。それなのに、銀行の不良債権処理に見られたように、頭取になって不良債権を知ったときに、彼らが何をしたかというと、在任中に事件化しなければそれでよいと、隠蔽《いんぺい》をはかったわけでしょう。そして、満額の退職金をもらって次の頭取に申し送って逃げおおせたわけです。

自分でリスクを取って、問題を解決し、後世に名を残そうと思った経営者が何代にもわたって、一人もいなかったんですよ。

ひどい話だと思いませんか。

だから、今銀行はこんな状態になっているわけです。

これだけモラルの低い人間が経営のトップになれるということは、もう企業の内部で「経営者のエートス」を教える人がいなくなったということでしょう。

その土壌にあるのは、ここでもやはり、「みんながやっていることなんだから、自分がしたっていいじゃないか」という「横並び」の思考法です。

ほかの人も同じ違法行為をしているということは、それが罰せられないことの根拠にはなりません。それはもうこれまでにも、何度も言ってきたことです。

今の日本の最大の問題は「あまりに、みんな似すぎてしまった」ということだとぼくは思っているのです。だからもう少し「ばらけた方がいい」とこの本では繰り返し申し上げているのです。

「らしさ」というのは人類の発明した「エコロジカル・ニッチ」です。

男性と女性では、行動パターンが違い、生息領域が違い、「餌」が違い、総じて欲望のあり方が違う。そのことによって、社会的資源の競合は緩和されています。

性差と同じように、年齢や社会的役割によっても欲望はばらけます。

子どもが欲望するものと大人が欲望するものは違い、老人が欲望するものはそれらとも違います。そういうしかたで、欲望はばらけているのです。

たとえば、男が欲しがるもの、名誉、権力、威信、情報、貨幣……というようなものに女がぜんぜん興味を示さないで、それよりは健康、自然、愛、平和……というようなものにこだわる、というしかたで、希少財への競争的集中は回避され、システムの暴走は食い止められてもいるわけです。

同じように、「老人らしさ」はそれとして、きちんと定型化される必要があります。その定型に従ってゆかない生き方をぼくたちは「老醜」と感じることになります。

もちろん、「老人らしさ」というのは、純然たる社会的虚構です。杖《つえ》ついてよろよろしたりして、「わしはのう」と言ったりするのはある意味で芝居なんです。間寛平《はざまかんぺい》の芝居と同じで、やってる本人が「芝居でやってる」から本人も周囲も楽しめるのです。

「わしだって、昔若い頃は」みたいな定型的な台詞《せりふ》を、ほんとうはピンピンしてるおじさんがわざと言うのは、そういうことばを言う人がどこかにいないといけないということを何となくみんな分かっているからです。

実年齢より少しオーバー目に「老けてみせる」というのが老人「らしさ」の基本マナーです。若作りをして、若い人に「年寄りの冷や水」と嘲弄《ちょうろう》されたりするのは、老人の側のマナー違反でもあるのです。「できるけれど、やらない」というのが「らしさ」の節度であり、そこからにじんでくるものが、「身の程をわきまえている」人間だけが醸し出す「品格」というものなのです。

「品格」なんていうと、なんだかずいぶん仰々しいものに思えるかも知れませんが、「品」というのは、要するに、「らしさ」の内側にあえて踏みとどまる節度のことです。

「らしさ」の制約の中にとどまる節度を私たちは「品がよい」と呼ぶのです。

自分のありのままをむき出しにするという作法は、その人にどれほどの才能があろうと能力があろうと、「はしたない」ふるまいです。

「はしたない」というのは、審美的な問題ではありません。節度なくふるまう人の「生存戦略」の危うさに、はたがドキドキさせられる不快さのことなのです。

たとえば、人のお葬式にめちゃめちゃ派手な服装で来る人がいたとしたら、どう思いますか。その人にとっては葬式であろうと結婚式であろうと、自分は自分なんだから、その「ありのまま」を出すのが誠実な生き方だし、「自分らしさ」の表現なんだ、というようなお考えがあるのかも知れません。

しかし、やはり葬式に白いタキシードに赤いタイで登場するというような自己主張のしかたはいろいろなリスクを伴います。とりあえず「なぜ、私はこのような服装でこの場に登場したのか」について、その場の人たち全員に納得させるような説明をしないといけません。

その服装の選択が十分に根拠のあることであったとしても、まわりの人はその事情を理解して受け容《い》れるために、かなり精神的努力を強いられるでしょう。

でも、そのような「よけいな仕事」を葬式の席において見ず知らずの参会者に強要するというのは、やはり「場違い」です。そのときの服装がご本人にとってどれほど必然性があるものでも、他人によけいな心遣いを求める「権利」が自分にあると思うのは、節度に欠けたふるまいだということになるでしょう。

葬式においてたいせつなのは、「自分のライフスタイル」を主張することではありません。とりあえず死者への哀悼の意を表し、同じく故人への哀悼の気持ちを伝えるために集まった人たちの心を乱さないことです。

そういうかたちで他人の気持ちを乱す人は、いずれよけいなトラブルを抱え込むことになります。会葬者の中には、気持ちが乱れて、「おい、いったいどういうつもりでそんな格好して葬式に来るんだよ」と言っていきなり胸ぐらをつかんでくる人がいるかも知れません。

そういうリスクは、是が非でも引き受けなければならないものかどうか。これはその人が判断することです。ぼくは無駄なものだと思いますけど。

生きてゆくとき、ぼくたちはさまざまなトラブルに遭遇します。人に傷つけられることもありますし、人を傷つけてしまうこともあります。そういう機会は最小化する方がよいというのが、「らしくふるまう」ということの目的です。

どんな場合でも「自分らしく」していたいということをさらっと言う若い人がときどきいます。けれども、それはあまり賢い生き方ではありません。自分の「素」をむき出しにして生きるというのは、裸で町を歩くのと同じです。確かに、「自分らしさ」は誇示できるでしょう。でも、それによって他人を不安にし、無用のトラブルを引き寄せる可能性が高まるなら、そのコスト・パフォーマンスは決してよいものではありません。

昔の武士には「用のないところには行かない」という行動原則がありました。人間、どこでどんな災難に遭うかも知れません。ぼやっとしているときに矢玉が飛んできて傷つくということがあります。もちろん、そんな場合だって、悪いのはあたり構わず矢玉を放つ方に決まっています。けれども、どんな事情であれ、傷ついて社会的能力を殺《そ》がれるということは武士にとっては取り返しのつかない失態です。そして、「まさか、こんなリスクがあるとは思わなかった」という泣き言は通らないのです。

これが節度ということです。

節度というのは、平たく言えば、無用のリスクは回避する、ということです。ほんとうに必要なときに自分の持てる能力を最大限発揮できるように、どうでもよいことのためには持てる資源を無駄遣いしない、ということが武士の心得だったのです。

品のよい人というのは、節度を知る人のことです。

自己裁量で使用できる資源（使える時間と発揮できる社会的能力）について、それを使う優先順位と匙《さじ》加減をつねに意識している人のことです。

結婚式とか葬式とかいう儀礼の場に繰り返し顔を出してみると分かるのは、ほんとうの大人はこういうところで絶対に節度を外さないということです。誰の目も引かないように、すっと来て、すっと帰る。そして誰にも不安や不快な印象を残さない。そういう「誰が来ているか分からないところ」では、どういう矢玉が飛んでくるか分からないので、「目立つ」ということを避けるのです。それは「オレがオレが」と自己主張する人間の残す不快な存在感とはまったく異質のものなのです。

合気道の師匠の多田先生から面白いエピソードを聞いたことがあります。

以前、ある古武道の大会の演武者控え室で、一人の武術家が見ず知らずの武術家に、「おたくの流派では、こんなふうに指を摑《つか》まれたときに、どういうふうにかわすのですか？」と訊《たず》ねられたことがありました。そこで、「うちの流儀ではね」と説明するために、相手に向かって片手を差し出したら、いきなり小指をぽきりと折られた、というのです。

これは手を出す方が悪い、と多田先生は教えてくれました。

見知らぬ相手を「自分の同類」であろうと信じ込んで、自分の弱点を平気でさらした、という点において、指を折られた武術家は究極の危機管理術であるはずの「兵法」の基礎が分かっていないことを露呈したからです。誰がこんな武術家に一国一城を委《ゆだ》ねるでしょう。

それにしても、どうしてこの粗忽《そこつ》な武術家は自分の隣にたまたまいあわせた人間を「無害な同類」であると信じられたのでしょうか。

こういう鈍感さは「均質的な社会」に棲《す》み慣れてしまったものの特徴ですが、その一方には、「武術家らしさ」という、節度を忘れたことがあると思います。

「武術家らしさ」というのは一種の社会的演技です。そこにはほかの武術家の隙をシステマティックに咎《とが》める、という行動も当然含まれています。流儀の技は軽々に他人にみせびらかすものではない、ということも初歩的な教えとしてインプットされていたはずです。にもかかわらず、この武術家はそういう「武術家らしさ」による「ふるまい方の特殊性」への配慮よりも、「近代社会の市民はみんな似たようなものだ」という「ふるまい方の均質性」を優先させたのです。

小指を折った非情な武術家にしても、おそらくはじめからそんなことをする気はなかったのでしょう。ただ、あまりに無防備で粗忽なこの武術家に対して、手を差し出された瞬間に教育的な配慮が働いて、「君、修行が甘いよ」ということを教える気になったのかも知れません。そして、このような機会があるたびに教育的な配慮を行う、というのも武術家の定型的ふるまいの一つとして熟知されていたはずのことなのです。

つまり、このエピソードは「武術家らしい」人と「武術家らしからぬ人」が出会ったときにはこういうことが起きますよ、というお話なのです。そして、こういう局面では「らしく」ふるまう人が状況を心理的にリードし、「らしからぬ」ふるまいをする人はリスクを負う、ということがおそらくこのエピソードからぼくたちが汲《く》み出しうる一つの「教訓」なのだと思います。

「ほんとうの自分」という作り話

自分とは違う価値観の人が隣にいます。自分とはものの考え方もふるまい方も違う人と、ぼくたちは共存してゆかなくてはなりません。それを「みんな同じようなものだ」とたかをくくることがどれほど危険かは、今の小指を折られた武術家のエピソードからもお分かり頂けるでしょう。

「らしさ」や「節度」や「品」というのは、別に制度上の虚飾や虚礼ではなく、自己防衛のための知恵なのです。

「らしくふるまう」という節度の対極にあるのが、「ありのままの自分を出す」というやり方です。そして、メディアは「ありのままの個性を表現しなさい」とか「ほんとうの自分の気持ちに正直に」とかいうことばをそれこそ朝から晩まで人々に浴びせかけています。これはかなり危険なイデオロギー教育であり、一種の「洗脳」だとぼくは思っています。

どうして、そういうふうに考えるのか、ちょっとその筋道をお話ししましょう。

「ほんとうの自分」って何でしょう?

ときどき「私、ほんとうの自分を見失っていたわ」とか「ほんとうの自分を取り戻したいんだ」というような台詞《せりふ》がTVドラマから聞こえることがありますが、この人たちが言う「ほんとうの自分」とか「自分探し」とかいうのは、いったい何の話なのでしょう。

ちょっと視点を変えて考えてみましょう。

あなたのお父さんが亡くなったとします。

葬式も終えて、あれこれの後始末も終わった後、ある晩ふと「私の父は、ほんとうはどういう人だったのだろう?」という疑問があなたの脳裏に浮かんだとします。

「父がどういう人間だったのか、私はほんとうに知っていたのだろうか? 私が生まれる前に父は何をしていたのだろうか? どんな少年時代を送ったのだろうか? 結婚する前にどんな恋愛をしていたのだろうか? 会社に行ってどんな僚友と働き、どんな仕事を成し遂げ、どんな失敗をした人なのだろうか? 私たち家族の知らないどんな生活を持っていたのだろう?……」

そう考えているうちに、あなたは「ほんとうの父」を知らなかったということに気づきます。

そしたら、どうしますか？

まず父親の親戚《しんせき》や旧友や仕事仲間を探して訪ねて歩きますよね。そして、その一人一人の証言を積み重ねて、「父の像」を形成してゆきますね。それでいいと思います。そうするのがふつうです。

では問いを変えてみます。それでは、あなたが「ほんとうの自分」を見つけようと思ったとき、あなた、何をしますか？

あなたの過去をよく知っている人たち――家族や級友や担任の先生や先輩後輩や同僚――に片っ端からインタビューして「私って、誰？」と訊《き》いて回りますか？

まさかね。

あなたはそんなことしません。あなたが「ほんとうの自分」を探しに行くのは、ニューヨークとかミラノとかバリ島とか、そういう「あなたのことを知っている人間が誰もいない土地」です。

不思議だと思いませんか？　「あなたのことを知っている人間が誰もいない土地」に行かないと「ほんとうの自分」に会えないなんて。

でも、実は不思議でもなんでもありません。

それは「ほんとうの自分」というのがまるっきりの「作り話」だからです。

ぼくたちが「ほんとうの自分」に出会うのは、ぼくのことをまったく知らない人間に向かって、「自分の過去」を物語るときです。「私のことをまったく知らない人間」じゃないと困るのです。だって、話すことは、嘘ばっかりなんだから。

家族が聞いたら、「よくもそれだけ嘘が言えるわね」と卒倒しそうなデタラメをぼくたちは、自分のことを知らない人間を相手にしてなら、延々と語ることができます。

「私たちの過去の記憶は前未来形で語られる」というのはジャック・ラカンの名言です。ぼくたちが自分の「これまでの自己史」についてながながと聞き手に語るのは、話し終えたときに、「自分はこれこれこういう人間である」と聞き手に思って欲しいからです。これは聞き手の中にぼくにとって都合のよい自己像を植えつけるために、ぼくたちは過去を思い出すのです。

これは簡単です。たとえば、「私は卑劣な人間なんだ」と言いたくなったとすると、過去からいくらでも卑劣の事例は引き出せます。友だちを裏切ったこと、責任を逃れたこと、人に罪を着せたこと……思い出したらきりがありません。逆に「私は心清い人間だ」と言いたくなったら、これまたいくらでも事例は思いつきます。貧しい人のために心痛めたこと、不幸な人のために神に祈ったこと、もらいすぎたお釣りを返したこと……いくらでも思い出します。

「心卑しい人間」なのか「心清い人間」なのか、そんなことははじめから決まっているわけではありません。「ほんとうの自分」がどういう人間だと「聞き手に思って欲しいか」によって決まるのです。だから、自分の過去を知っている人間が聞き手だと具合が悪いのです。

ぼくたちの過去を知らない人間は、「私の作り話」を信じるしかありません（厳密には「作り話」とも言い切れません。「回想が選択的になされている」だけですから）。

でも、それでいいし、それが必要なのです。

時々「作り話」をして過去をリセットしないと、やっていけないんです、人間は。だから、六・三・三・四制というリセット・システムが存在するのではないかとぼくは思っています。

過去の自分のことを知らない新しい環境に行くときって、すごく気分がいいでしょう。それはそこで過去をリセットして、自分に関しての新しい物語を作り上げ、「私はこういう人間なんだって」宣言したら、みんなそれを信じるしかないからです。

だから「高校デビュー」ということが可能なわけです。

ぼくは中学校では、勉強はよくできるけれど、運動が苦手で、どちらかというとオタク系のぼうっとしたキャラでした。でも、このキャラはつまらないので、高校に入ったときに四五〇人同学年いるうちに同じ中学から来た子が一人しかいないのをさいわい、「オレはね、一回口に出したことは引かないよ」というかなり気合いの入った不良少年としてデビューしました。ジャズを聴いて、煙草を吸って、小難しい哲学書を読んで、教室では先生にしつこく絡んで……中学のときの同級生が見たら「ウチダ、いったいどうしちゃったの?」とびっくりするような変身でしたけれど、このキャラは「美味《おい》しいキャラ」でしたね。すぐにワル仲間ができたし、女の子にもけっこうもてました。

このキャラは結局、キャラクター的に派手すぎてそのまま暴走して、高校中退というかたちで「爆死」しちゃうのですが、どうせ高校に入って適当に作った「嘘キャラ」ですから、挫折《ざせつ》しようが、失敗しようが、何しろ「二年くらいしか使ってないキャラ」なんですから、あんまり心が痛むということはなかったですね。

困るのは、高校のクラス会に集まると、その頃の級友は「あのウチダ」を記憶していて、「あのウチダ」に向かって話しかけてくるのだけれど、「あのウチダ」はもういないんですよね。

でも、そういうふうに環境が変わるたびに、キャラを変えるというのは、自分を守るためにはすごく有効な方法だと思います。ぼく自身は、十七、八歳くらいのときの精神的な傷は、「別キャラ」が背負ってくれたので、そのキャラごと「埋葬」してしまいました。

ずいぶんぼろぼろになったはずですけれど、結果的にはトラウマは残りませんでした。

だから若い人には機会があるたびに、そのときどきで適当にキャラを変える方がいいよ、ということを申し上げているわけです。「ほんとうの自分」というのだって要するに「作り話」の一変種にすぎないんだから、「ほんとうの自分」を確定的に語ることなんか求めずに、どんどんヴァリエーションを増やしてゆく方向に努力したらいかがですか、とご提案しているわけです。

もちろん、いくら嘘と言っても、ある程度、基本的な事実は動かせません。その事実を組み合わせて物語を作るときに、あるエピソードを落として、この部分はちょっと膨らまして……というふうにいじっていると、同じ過去でも、まるで違う人物像が描けます。「全部事実の作り話」ができるわけです。

研究者としての内田樹、武道家としての内田樹、家庭人としての内田樹、インターネット上の内田樹……ぼく自身にしても、それらは全部「別人」です（たとえば、今この文章を書いているのは、「物書きとしての内田樹」です。これは、私生活のぼくよりずっと皮肉屋で、冷笑的なキャラです。家庭人としてのぼくはもっと温良で妥協的な人間です）。

というふうにぼく自身の影武者というか、「式神《しきがみ》」というか、そういうものがざわざわいるので、仮に仕事で失敗しても、その失敗は「仕事をするぼく」の傷にとどまり、家庭生活や武道修行には別に関係してこないわけです。だって、別人なんですからね。ほんとうに。

日本人のアイデンティティ

そういう、「ほんとうの私」幻想は国家についても成立します。日本人は花鳥風月うつろいゆくものを愛する国民であるとか、日本人は集団主義であるとか、日本は甘え社会であるとか、タテ社会であるとか、恥の文化であるとか……まあ日本人のアイデンティティを示すさまざまな表現があります。

こういう日本文化論そのものを「くだらん」と一刀両断にする人もいます。「日本人は……するものである」というような言説はまったくもってナショナリスト的な消費財である、アメリカ人は決してそういうことをしない、というようなことを言って叱りつける人もいます（それにしても、どうしてこの人は「アメリカ人は」という主語の文化論的言説を自分自身が語っていることには気がつかないんでしょうね）。

ぼくはあまり科学的な根拠がないものであっても、「国民性」というものを国際社会で理解可能なことばで表現していくことは必要だと思います。

要するに「キャラ」なんですから。

「オレはよ、ちょっとアートにはうるさい男なんだよな」というようなことを嘘でもいいから宣言しておかないと、「高校デビュー」が始まらないのと同じです。「日本は……な国であり、日本人は……な国民である」というのは、まあ国際社会における「名刺代わり」のようなものだと思って下さい。どうだっていいし、作り話でもいいんだけれど、ないと不便なんです。

国際社会においてはユニークな存在であることが大事です。「ユニークである」というのは、「ほかの国をもっては代替しえない唯一無二のニッチを国際社会という生態系の中で占めている」ということです。それがナショナル・アイデンティティとかナショナル・ヒストリーということです。

アイデンティティというのは、まるごと「作り話」なんです。もともとそんなものが確固としてあるわけじゃない。だから、起源に遡《さかのぼ》って「ほんとうの日本らしさ」の核となるような事実をつかまえようとしたって、そんなのまるで無駄なことです。逆なんです。アイデンティティというのは、「前未来形」において語り出してゆくものなんだから。

「こういうものが日本人である、ということにしない？」

というふうに問いは立てられるべきなのです。日本の過去についての物語を、そのときどきの「聞き手」の都合に合わせて、過去の歴史的事実の中からセレクトしてきて、糸を通してラインを作るわけです。そして、このラインの延長上に二一世紀の日本を展望してゆく、というのがナショナル・アイデンティティの形成ということだとぼくは思います。

だから問題は、どういう過去のデータの中から、どういう事実を選び取って、どういう縦糸を引くのか、という選択にかかわってきます。

日本人の歴史的経験の中に蓄積されてるもののうち、できるだけ多くをカバーし、かつ「すっきりとした」日本人像を描けるような物語。封建時代も明治維新も大正デモクラシーも昭和モダニズムも軍国主義も戦後民主主義も極左の学生運動もフェミニズムも、左翼から右翼まで、都市文化も地方文化も、メインストリームもサブカルチャーも、全部の政治的・社会的・文化的な思潮を包括的に説明しえて、日本社会の「個性」を網羅的に包括することができれば、それは日本についての「うまく妥当する」社会理論であると思います。

でも、今の社会理論の中に、そこまで包括的なスケールのものはありませんね。そういうスケールを持ってないだけでなく、そういうスケールの大きさを持たなければならない、という使命感を感じている「確信犯的」な社会理論はめざされていないような気がします。左翼の理論は戦前の政治的、文化的運動をほとんど切り捨てますし、右翼の理論は戦後の達成をほとんど評価しません。それぞれ政治的理論としてすっきりはしていますが、説明原理にはなっていません。だって、説明できない事例が多すぎるからです。そんな偏った理説では、次の世代に対する指針を示すことだってできません。

村上春樹は『アンダーグラウンド』と『約束された場所で』という二つの仕事を通じて、サリン事件の被害者とオウム真理教信者の双方に集中的なインタビューをしています。これは一つの衝撃的な事件を包括的に記述しようとしたことと、日本社会はいったい何を生み出したのかをトータルに書こうとした勇敢な試みの一つだと思います。

社会を「健全な市民社会」と「狂ったオウム真理教」の二つに分けて、向こう側に排除するというメディアの論調に抗して、村上は現にぼくたちの社会がこういう事件をその内部からほとんど必然的に生み出したということに注目しています。ぼくたちの社会がこのような運動と、このような事件を培養したのですから、それをきちんと説明できないと、ぼくたちの社会が「どういう社会であるか」を言うことはできないのです。

この村上のスタンスは、何が善で何が悪か、その基準をあらかじめ決めておいて、その検索ツールをかけて、歴史をスクロールするという読み方ではありません。ぼくはこういうスタンスを支持します。

確かに、善悪の判断も大事です。大事ですけれど、善悪の判断と同時に、こういう価値中立的で、クールな記述も、「包括的な」視座を構築するためには必要だと思いませんか。

礼儀作法を守る意味

今の人たちは「サクセス」志向が強いせいか、攻撃一辺倒で、「ディフェンスが甘い」という印象があります。

村上春樹の話の続きになりますが、村上春樹の小説では、「無意味に邪悪なもの」が登場して、主人公や主人公の愛する人たちを傷つけ、損なう、という話型が繰り返されます。そのときに、主人公はどうするかというと、起きた事件の全容を解明する、ということはしないのですね。しない、というかできない。『羊をめぐる冒険』にしても『ねじまき鳥クロニクル』にしても、『海辺のカフカ』にしても、いったい、どのような驚天動地の大事件が起きつつあるのか、事件の全容には主人公の目が届くことがない。主人公はある日いきなり「何が何だか分からない」事件の中に巻き込まれて、こづき回され、プライドを傷つけられ、愛するものを失います。そして、どうしたら「自分を守る」ことができるのか、ということにとりあえず使える限りの力を集中させて生き延び、物語が進むにつれて、しだいに「ディフェンスの巧い」人間になってゆきます。

ぼくが興味を持つのは、こういうカフカ的な不条理に巻き込まれたときに主人公がとりあえず採用する最初の「ディフェンス」戦略が「ディセンシー（礼儀正しさ）」だということです。

「たいていのことはそれなりの手間さえかければ調べがつくものだ」というのは村上ワールドの主人公たちに共通する「探偵術」の基本のようですが、「それなりの手間」というのは、単に足を棒にして歩き回るとか、あちこち電話をかけまくるということではありません。そうではなくて、とりあえずは、会った人から最大限の情報と支援を引き出す、ということです。そして、はじめて会った人から最大限の情報と支援を引き出すために一番有効な方法が何かということは誰にでも分かりますよね。それは、「礼儀正しく友好的な口調で語りかけること」です。

村上は作家的直感によって、「ディセントであること」が、不条理な世界を生き延びるためのさしあたり最初のディフェンスであるということを知っています。礼節というのは、まさに「生き延びるための知恵」なのです。

でも、今の若い人たちは、このことにほとんど気づいていません。むしろ、礼儀正しくふるまうことは「敗北的なみぶり」であり、傍若無人、無礼の限りを尽くすことが「勝利者の特権」であると思い込んでいるようです。

でも、話は逆です。礼儀を失した応接をするということは、実は手に入ったかも知れない貴重な情報や支援を、それと知らずにどぶに棄てていることなんですから。

最近の若い営業マンの中には、礼儀を知らない人がいます。こちらはクライアントなのに、少し面倒なことをお願いすると、いかにも迷惑そうな顔をする。頼んだ商品を届けない、約束しておいた連絡を入れない、というようなことをする人が一流企業の営業マンの中にもいます。もちろん、そんな会社には二度と発注しません。彼個人の「めんどくせえなあ」という対応のせいで、会社はそれ以後発生するはずの売り上げのすべてを失ったわけですが、そのことは彼も会社も知りません。この横柄な営業マン自身は、「クライアントにへこへこ頭を下げなかったこと」を個人的な勝利として総括しているのかも知れませんが、ビジネスとしては敗北しているのです。

どうしてこういう倒錯が起きるのかといえば、彼があらゆる局面で「素を通す」ということがとてもたいせつだと信じているからです。礼儀正しくふるまうということが、相手におもねったり、卑屈になったりすることだと思っているからです。

それはまるで違います。礼儀作法の目的は何よりまず「仮面をかぶることによって自分の利益を最大化すること」なんですから。

権力を持つ人間、決定権を持つ人間、こちらに対して強制力を発揮できる人間の前では、絶対に自分の「素顔」を出してはいけない。これが礼儀の基本です。

分かりやすいのは軍隊です。軍隊というところは指揮系統がはっきりしていて、上官への抗命《こうめい》はただちに軍法会議、悪くすると死刑という「逆らうことの許されない」場所です。こういう場所で、上官の前で「素顔」を出す部下はいません。上官の前に整列するときには仮面のような無表情になります。そして、何を命じられても Yes, sir. No excuse, sir. とそっけなく答えます。

別にわざと愛想悪くしているわけではありません。相手は自分について生殺与奪の権力を持っている人間なんです。どういうふうに気が変わって、いきなり自分を傷つけたり罰したりするか分かりません。上官や教師や上司に対して「オレさー」みたいな感じで「素の自分」を出すことがどれくらい危険なことかを兵士たちは知っているからこそ、生き延びるために仮面をかぶるのです。兵士たちの上官に向ける礼儀正しさが、ディセンシーの原型です。それは「内面を見せない」ということです。

子どもがまず「礼儀正しく」ということを教え込まれるのは、子どもからすると、世の中のほとんどの人間が「権力を持ってる人間」だからです。「子どもである」というのは、まわりのほとんどすべての人間によって傷つけられる可能性があるということです。それくらいに「子どもである」というのはリスキーな状況なのです。だからこそ、子どもに向かって「礼儀正しくしなさい」と教えるのです。「君はすごく無力なんだから、まずきっちりディフェンスを固めておきなさいよ」と。

経験的にご存じと思いますが、人から「礼儀正しい応接をされる」と何となく「かわされる」という感じがします。「かわされる」あるいは「はずされる」とか「ずらされる」という感じです。そういう対応をされると、それ以上「突っ込めない」のです。こちらが攻撃的になろうとしても、なりきれない。

甲野善紀先生から聞いた面白い話があります。甲野先生はいつも和服で刀を持って歩いていますから、町中で酔っぱらいにからまれたりすることもあります。そういうとき、甲野先生は満面に笑みを浮かべて、すすっと酔漢に近づいて「お母さんお元気ですか?」と語りかけるのだそうです。やくざでも酔漢でも、こういうふうにフレンドリーかつ礼儀正しく語りかけられると、必ず絶句してしまう。礼儀正しく応接されているので、怒鳴りつけたり、からんだりするきっかけがない。そして、甲野先生がよどみなく礼儀正しい口調で語りかけているうちに向こうが気味悪がって立ち去ってしまうのだそうです。

これはディセンシーの防衛的効果をみごとに伝える逸話だと思います。

でも、当今はディセンシーの防衛力というものが忘れられて、礼儀正しいことは偽善的であるとか卑屈であるとか、そういうふうに簡単にくくられてしまい、むしろあらゆる局面で「素の自分」をまるごと出すのがよろしいのだというふうに言い張る人たちがいます。若い人たちの間では、むしろそういう考え方の方が支配的なのかも知れません。

以前、木村拓哉《たくや》が堀部安兵衛《やすべえ》をやった忠臣蔵のドラマをTVでやっていました。びっくりしたことに、木村拓哉演じる堀部安兵衛が浅野内匠頭《たくみのかみ》や大石内蔵助《くらのすけ》に向かって「ために」をきくんです。「大石さん、オレはあんたの考え方には反対だよ」みたいに。ほんとにびっくりしました。昔なら、いきなり打ち首だと思いますけど。

たぶん、今の若者に受けるようにとわざとそんな台本を書いてるんでしょう。ここには、目上の人間であれ、年上の人間であれ、子どもであれ、老人であれ、誰に対してもいつでも同じような口ぶりで語ることが、人間としての誠実さであり、「自分らしさ」の表明である、というイデオロギーが貫徹しています。でも、それはかなり偏った考え方だし、実際にはリスクの多い生き方だとぼくは思います。

実際の武士というのは、ある意味で「命がけのおつとめ」ですから、ほいほいと「素」を出すはずがないのです。できるだけ「素」にならない、というのが武士のたしなみです。仕事上の落ち度で、うっかりするといきなり切腹しなければいけないようなおつとめをしている人間なんですから。それが上司に向かって「オレさー、思うんだけどさー」のような「誠実な」態度を取るはずがないです。もっとずっと「不誠実」に応接するはずです。

どうして自分を守り、生き延びることを優先的に配慮しないで、「自分らしさ」とか「誠実な自己表現」とかいうようなうすっぺらな幻想に振り回されてしまうのでしょう。たぶん「自分の内面」を他人に誇示することがすごくたいせつだと思っているんでしょうね。でも、みんながそれほど自分を素晴らしい人間だと思っているんでしょうか。本人が思っているほど、まわりの人はぼくたちに興味を持ってくれるわけじゃないんだから、もっと礼儀正しくしましょうよ。しつこいようだけれど、キムタク君の堀部安兵衛役だって、彼のほんらいの味である冷たい礼儀正しさを徹底させて、嫌みなくらい敬語を使いまくって演じたら、あのTVドラマだってずいぶん奥行きが増して面白くなったと思うんだけどなあ。ほんとに。

V
家族を愛するとは

どんな制度にも賞味期限がある

どんな制度にも賞味期限があります。どんな立派な理念でも、必ず賞味期限が来て、使えなくなる。どんなにおいしいものでも腐るのと同じです。だから、賞味期限が来る前に食べましょう。そして、賞味期限が来るまではぎりぎりまで味わいましょう、というのがぼくの考え方です。

制度の変化には、時間差があります。早く変わらなくては意味がないような制度もあるし、ある程度時間をかけてゆっくり変わっていくものもあります。経済政策みたいなものはマーケットという非常に反応の早いものが相手ですから、のろのろやっていたのでは追いつかない。でも、家族とか教育とか性とかにかかわる社会制度は、そんなに早くは人間の方の意識が変化しません。だから、制度をいじりすぎると、人間と制度の間に摩擦が生じます。こういうものはある程度ゆっくり変化させてゆかないといけない。

それに、システムが端から端まで一斉に変わるのは危険なことです。変わるものと変わらないものが適当に混在してこそ、システム・クラッシュは回避されるものです。

通常、ある社会制度が腐りかけてきた頃に、次のシステムが出てきて、うまく連係が保たれます。社会制度は一度捨てると代わりはないですから、次のものが来ないうちに、「ろくでもない制度だから」といって棄てるということはできません。してもいいけど、厄介なことになります。

国民国家、人種概念、階級制度、一夫一婦制など、この先あまり長くは持たないと思いますが、まだこの後五〇年ぐらいは賞味期限が残っている。残っている間はまだ「賞味」できるわけですから、「次のもの」がくるまでは、何とかこれを使い回ししてしのぐしかありません。

一九六〇年代にアメリカで公民権運動がありました。その運動の過程で「黒人としてのアイデンティティ」、黒人固有の文化が強調されました。確かにこの時期には、人種の違いをことさらに際立たせなければならないという政治的必然性がありました。でも、それはいずれ人種概念というものが廃棄された世界を作り出すための一時的な迂回《うかい》のようなものです。今人種概念について声高に語るのは、最終的に人種概念を無害化するための「方便」だ、ということはみんな踏まえておくべきです。

人種概念というのはそういう意味での方便であり、幻想です。だって、実際はアメリカでは混血が進んで、もう「純粋のネグロイド」なんていないんですから。にもかかわらず、相変わらず祖先のどこかに黒人が入っていると、いまだに「黒人」と言われます。でも、これは単なる幻想ですよ。

だって考えてもみて下さい。ぼくたちの先祖は、親が二人いて、祖父母は四人います。つまり、代を遡《さかのぼ》っていくと祖先の数は二のn乗になるわけです。

二のn乗ということは、二十五代遡ると、ぼくの祖先の数は三〇〇〇万を越すわけです。平安時代頃の日本の人口はそんなにいません。つまり、ぼくの祖先たちであるこの三〇〇〇万人の相当数が同一人物であるか、相当数の外国人が混じっているということです。

世界の人口だって同じです。三十三代遡ると、ぼくの祖先は八五億人になります。今地上にいる人間の数より多いんです。その八五億人が全員ぼくと同じ「純血」人種であったということはありえないですよね。だから、「純血日本人」であるとか、「純粋黒人」であるとか「名乗る」ことは、まるでナンセンスなことなんです。どっちにしろ、人類の起源はアフリカの一人の女性に帰着するということが人類学の定説なんですから、文字通り「人類はみな兄弟姉妹」なわけです。

こういう指摘をすると、必ず怒る人がいます。

だったら「人種概念」というようなバカなものを今すぐやめるか、永遠に続けるかどっちかにしろと。

社会問題について怒る人たちというのは思考パターンが決まっています。この制度はこれこれこういう欠点がある、だからすぐに廃棄すべきだと言うか、この制度はこれこれこういうふうに素晴しい、だから永遠に続くべきだ。全否定か全肯定しかないんです。国家は暴力的装置である、だからただちに廃絶すべきだという議論と、国体は万世一系であり、永遠に続くという議論のどちらかに分裂してしまう。国民国家なんか永遠に続くわけありません。でも、だからといって、今すぐ廃絶するわけにもゆかない。いずれ終わるけれど、今はまだある。社会制度というのは全部そういうものです。だから、どう手直しして、次の制度ができるまで使い延ばすか、どこまで腐ったら「次」と取り替えるか、というふうに議論は進むべきなのです。

だから、人種概念は幻想だから、今すぐ棄てましょう、というわけにはゆかない。だって、現にBlack is beautiful という人種幻想を支えにして、市民権の奪還のための闘争がほんの三〇年前にアメリカで行われて、それで利益を得た市民たちが何百万もいたわけですから。あるいは日本の旧植民地の人々からの日本の戦争責任戦後責任を問う声に対するにしても、「君たちが根拠にしているのは、一九世紀的な民族意識だよ。古い古い。そんなもの棄てちゃいなさい」というわけにはゆきません。古かろうが、虚構であろうが、そういう幻想が現に生きていて現実を動かしている以上は、その現実の水準で対応するしかないのです。「この制度はろくなものじゃない、でもその制度の上で問題を解決するしかない」という矛盾を引き受けるということが、社会人のつとめです。

戸籍制度にしてもそうです。確かに現行の戸籍制度が最良のものではないことは事実ですが、だからといって、婚姻届けを出さないくらいはともかくとして、子どもの出生届を出さないということになると、それではだしに使われた子どもが気の毒だろうとぼくは思います。

そのうちもっと合理的な制度に代わるべきものであるなら、そこにどうやってソフトランディングするかということをみんなで考えましょうよ。

どんな制度も必ず腐ります。でも賞味期限が切れたからといって、それがかつては美しいものであった、おいしいものであった事実は変わらないのです。「非常にあれはよかったね。だけどもう腐っちゃったんで、食えないんだよ。そろそろ賞味期限が来たから捨てようか」ということについて合意形成を整えて、そうやって制度改革をソフトランディングさせることがたいせつだと思います。

不思議なもので、「あれはもうダメだ。もう古いから棄てる」というふうに言い放ってしまうと、制度というのはなかなかなくならないのです。逆に、「あれはなかなかよいものだったね、あのときには実に役に立ったよ」というふうにその事績を称《たた》えてあげると、先方も「自分がもう死んでいる」ことを受け容《い》れて、静かに姿を消してくれるのです。

ぼくはこういう「礼儀正しく、不要物を棄てる」ことを「弔う」と言っているんですけれど、すごくたいせつなんですよ、これは。相手が人間であれ、制度であれ、イデオロギーであれ、「死んだもの」をきちんと弔うということは。最後に唾《つば》を吐きかけるんじゃなくて、最後には花をそえて、その業績を称えて、静かに成仏してもらう。そうしないと、賞味期限の切れた腐った制度が、なかなか死なないでのたうち回るようなことになるのです。

能楽の『鵺《ぬえ》』という曲があります。鵺というのは顔は猿、手足は虎、尻尾《しっぽ》は蛇、声はツグミ、というキマイラ的怪物で、源頼政《みなもとのよりまさ》によって射殺され、その死骸《しがい》は小舟に載せられて淀川《よどがわ》を流されます。そして芦屋《あしや》に流れ着いて、そこで亡霊となったところに旅の僧が通りかかり、成仏させるという話ですが、こんなままあどうでもいいような化け物の場合でさえ、「さては鵺の亡心にて候ふか。その時乃《の》有様を語り候へ。跡をば懇《ねんご》ろに弔ひ候ふべし」と言って、ひとしきり殺害場面を詳細に語らせて、それによって成仏してもらうのです。

今に伝わる能楽というのは二百曲ほどありますが、たぶんそのうちの半分くらいは、現世に心を残した無念の死者を弔って「あちらへお引き取り願う」という説話構成になっています。敦盛《あつもり》、経正《つねまさ》、知盛《とももり》のような平家の武者たちも、六条御息所《みやすどころ》の生き霊も、隅田川《すみだがわ》の幼児も、安達ヶ原《あだちがはら》の鬼婆も、みんな「弔い」をしてもらって、成仏するのです。

いかに中世の日本人が「寿命が来たもの」の後始末に腐心していたかが能楽を見ると分かります。とりわけ、いっとき権力を握ったり、栄耀《えいよう》栄華を極めたり、自由奔放に活動してきたものが、「賞味期限」が切れて、舞台から退場するときに、どれほどの「毒」を撒《ま》き散らすか。このことを中世の日本人は熟知していたように思います。

死者であれ、制度であれ、イデオロギーであれ、死に際には必ず「毒」を分泌します。かつては社会に善をなしていたものが、死にそびれると生者に害をなすようになるのです。それをどうやって最小化、無害化するか、それを考えるのは、社会人のたいせつな仕事の一つなのだとぼくは思います。

私の拡大家族論

賞味期限がきてしまったものの一つに、一夫一婦制があります。これはもう残念ながら「お疲れさま」状態になりつつあります。もちろんこの先も一夫一婦制は続くでしょうが、それが支配的な形態ではなく、「家族制度のオプションの一つ」になってしまう可能性はかなりありそうです。

現に、パリでは住民の五〇パーセントが単身者。ヘテロ、ホモの非婚同棲《どうせい》カップル、友だち同士のコミューン、子連れ再婚カップルなどなど多様な家族形態が展開しており、「お父さんお母さんに子どもたち」という典型的な核家族はすでに少数派となっています。

でも、ぼく自身は一夫一婦制はよくできた制度だと思います（個人的には失敗したけれど、制度としては悪くないと今でも思います）。

どう考えてみても、次々と相手を変えていくよりも、一人の人と一生添い遂げるという方が、生存戦略上のコストは絶対安い。結婚した人と一生添い遂げ、お互い相手が絶対に婚姻契約に違反しないという確信を持てたら、ずいぶん気楽でしょう。絶対裏切らないパートナーがいるということはどんな局面でもすごく心強いと思いますよ。

でも、こういう考え方は今はあまり旗色がよくありません。それよりだんだん支配的になっているのは、「法律的な縛りなんか抜きの、愛だけを基盤にしたパートナーシップ」こそベストである、という考え方です。

でも、それって、言うほどよいものなのでしょうか。ぼくは疑問です。

法律的な結婚をしないで、純粋に愛だけでつながっている関係は、愛がなくなった瞬間に終わってしまいます。終わってしまうというより「終わらなければいけない」わけです。だって、これは愛以外にいかなる支えも持たない、という点において、きわだって「ピュアな」性関係であり、損得勘定とか世間体とかいうものをきっぱり退けたところが売り物なんですから。

ですから、「愛だけで結ばれた二人」は絶えず「愛してる？」と相手に確認を入れなくてはいけません。

でもね、これって、けっこうストレスフルですよ。

ビジネスのことを考えて下さい。約束だけでは相手が契約を履行するかどうか信用しきれないので、絶えず電話で確認を入れて、「大丈夫？　ちゃんとやってる？」と毎日言わなければいけない相手と、一度約束しておけば、もう納期まであなた任せで安心というビジネスパートナーとでは、仕事をするときの心理的なストレスがぜんぜん違うでしょう。

人が愛を確認し合うために手間をかけるのは、「それが愉《たの》しい」からです。恋人同士が「愛してる？」「愛しているよ」と終わりなく繰り返すのは、それが愉しいからです。

そういう問いかけと応答が好まれるのは、それがあくまで「愉しみ」である限りにおいてであって、そういうものを人間関係の基盤にするのはどうかと思いますよ。

一〇〇パーセント愛し合っているかどうか、それを毎日確認しておかないと関係が成り立たないというような非妥協的な関係だと、ほんとにしんどいですよ。だって、少しでも愛の徴候が微弱になると、「愛が足りない！」という叱責《しっせき》や要求がつきつけられるということになるんですから。

そうなってしまうと、日々の愛の確認作業は「愉悦」から、「服装検査」とか「禁書の検閲」みたいな抑圧的なものに変わってしまいます。「ねえ、私を愛している?」「もちろん愛しているさ」という行き交うことば自体は同じですけれど、その目的が愉悦から、契約の確認に変質してしまっているのです。

法律的な支えを要さない、純粋に愛情だけで結ばれた「恋愛至上主義的パートナーシップ」の最大の難点は、たいていの場合「関係を維持するために使うエネルギー」の方が、「関係を持つことによって得られるエネルギー」よりも多くなってしまう、という点です。収支を計算すると、「一人でいるより、一緒にいる方が疲れる」ということになります。

法律的な縛りのせいで、愛し合っていないのに一緒にいなければいけないというのもきついですけれど、愛しか支えがないので、いつも激しく愛し合っていなければならないというのも、けっこうきついんじゃないですかね。

どちらにしても、一対一のパートナーシップは「ぱっとしない」というのが現在の基本的趨勢《すうせい》です。

どうしてこういうことになるのでしょう。

たぶん家庭の作り方が間違っているのではないかとぼくは思います。

核家族に問題の根があるのではないかと思います。

お父さん、お母さん、子どものこのセット。これを基本形にして考えるというのがたぶん問題の根源なのです。

風通しが悪すぎます。

家の中にこの夫婦親子の三角形に切れ目を入れるような存在がいないと、たぶん家庭は息苦しいものになってしまいます。別にこれはぼくが言っていることではありません。

レヴィ＝ストロースによれば、ほんらい親族の基本構造は四項関係です。お父さん、お母さん、お母さんの兄弟（おじさん）、そして男の子です。これは男の子を中心にした場合で、女の子を中心に取ると、お父さん、お母さん、お父さんの姉妹（おばさん）と、女の子という四項になるはずです。

どちらの場合であれ、親の代の水準に、自分と同性の大人が二人必要なのです。

一番分かりやすいのが『男はつらいよ』の寅さんです。

満男（吉岡秀隆）の父は博（前田吟）、母はさくら（倍賞千恵子）。そして「おじさん」が寅さん（渥美清）。寅さんは自分の妹さくらを博に嫁として与えたわけで、一種の「貸し」があります。親族構造は、「女を贈り物にする」というシステムで循環していますから、そういうことになるのです。博は寅さんに反対給付の義務を負っているので、寅さんには、何となく頭が上がりません。そして、博が満男に向かってあれこれ文句を言うと、必ず寅さんは横からいちゃもんをつけます。父親が「やれ」と言ったことを、おじさんは「しなくていい」と言う。父親が「しちゃいけない」と言ったことを、おじさんは「したっていい」と言う。必ず混ぜっ返す。

もしも、これを夫婦でやると、もろにぶつかってしまい、非妥協的な対立になってしまいます。でも父親とおじさんの対立は、男同士の論争なので、議論のプラットホームはかなり共通しています。いちおう、最後までディベートというかたちで進行します（寅さんはときどき怒ってちゃぶ台をひっくり返してしまいますけれど）。

こうした父とおじさんの対話を通じて、家庭の中での父親の価値観が相対化されます。大人の男は男の子に社会的なふるまい方を教えるソーシャライザーですが、それが子どもの前に二タイプあるわけですから、その社会化の圧力はかなり軽減されます。どうしてもこういうふうに自己形成しなくてはならない、という心理的プレッシャーは、父親の価値観に母親が抵抗する場合よりは効果的に削減されます。

もし父親とおじさんが、きっちりとディベートを展開すれば、子どもはさらにそこからいろいろなことを学ぶことができます。論争の仕方や説得のしかた、そして論争に負けた場合の引き際、こういうのは現場で現物を見ていないとなかなか学習できません。特に、「論争における正しい負け方」を学ぶのは貴重な機会です。どういうタイミングで、どういうことばづかいで、自分の意見を引っ込めるか。あるいはどういうふうに相手が負けやすいように「花道」を用意しておいて、論争に勝ちを収めるか。こういう論争の微妙な彩《あや》は、現場を見ていないとなかなか習得できません。

「おばさん」の母親に対する牽制《けんせい》も、その社会的機能はおそらく「おじさん」と同じです。母親が娘に対してふるう支配力を横合いからコントロールするのです。

いずれの場合も、親権の行使に対して、親たちの兄弟姉妹が横から介入してくる、というのが、親族の基本構造です。これがほんらいは親族の最小単位なのです。人類学によれば、すべての人間集団は有史以来この四項の構成員によって親族を構成してきました。

ところが、近代以降になって、はじめて「おじさん・おばさん」を構造的に排除した「核家族」というものが大量出現することになりました。

人類学的基準に照らして言うなら、核家族は「不完全なシステム」です。ほんらい親族を構成する上で必要なものを欠いているからです。

ご存じのように、殺人事件の多くは家庭内で起こります。幼児への虐待もほとんどは実の親によるものです。それだけ、現在の核家族というのは、閉鎖的で暴力的な空間になりつつあります。フーコーに言わせれば、家庭がそういう生きにくい場になってしまったのは近代の核家族現象以降だそうです。

核家族というのは閉じすぎているのです。それがあらわに見られるのはキャンプに行くときです。ぼくは友人たちと毎年中禅寺湖にキャンプに出かけるのですが、キャンプ場で一番「感じが悪い」のは核家族で来ている人たちです。ぴかぴかのキャンピンググッズで身を固めて、でかいテントを張って、まわりに囲いを立てて、他人が「自分の敷地」を通れないように「垣根」を築いて、まわりのキャンパーたちの誰とも口もきかず、ふだんとまったく同じ生活態度をこんなところにまで持ち込んでくるのです。

それに比べると、友人同士のキャンプとか複数の家族の合同キャンプはもっと開放的です。こういう集団はすでに「他人」と空間や食べ物を共有することで成立しているわけですから、閉じられ方が少ないのです。隣のテントの人とすぐにおしゃべりをしたりするのはこういうグループです。

デュルケームは社会学の古典的名著である『自殺論』の中で、自殺の多い社会と少ない社会を比較してこんなことを言っています。

北の国は自殺者が多く、南の国は少ない。自殺率と平均気温は関係があるのです（人間って、そういう点ではけっこう単純な生き物なのです）。

宗教も関係します。プロテスタントは自殺が多いが、カトリックは少ない。神さまと向かい合って対話して自分の内面の信仰の真実さを問うような、そういう信仰のあり方は人間を孤独にします。「おそれとおののき」の中で神と向き合うというようなスタンスは相当に精神の強い人の場合でないと負荷が大きすぎます。カトリックのように、どんな悪事を働いても司祭に告解すれば罪は許されるというような考え方だと、信者は心的な負担を司祭に「預けて」心安らぐことができます（これはぼくが言っているのではありません。デュルケームがそう言っているのです）。

デュルケームがもう一つ指摘したのは、大家族の家には自殺者が少ないということです。一人で暮らしてる人が一番自殺しやすく、あと二人、三人、一〇人、二〇人と家族の構成員が増えるごとに自殺率は減少します。

その理由は分かりますよね。

大家族で一緒に暮らすには、一緒にいることの理由づけが必要だからです。それは通常、「家族の物語」というかたちで語られます。共通の祖先に関しての武勲的な伝承があったり、祖先の中の桁外《けたはず》れな人物についての逸話があったりすると、家族たちは、ことあるごとにそれを語り合います。そういう共通の起源神話を持つ家族では、さまざまな親族儀礼がたいせつに保存されていて、祝日とか誕生日とか祭日とかのたびに、集まって宴会をして、自分たちが共通の祖先の血を引く家族であることを確認し、奉祝します。

こういう共同体に含まれている人間は簡単には自殺しません。孤立感を感じることが少ないからです。自分がある長い歴史を持つ集団の中に統合されていて、その時間的空間的なネットワークの中に「余人をもっては代え難い」一人のメンバーとして含まれているということを感じ取れるからです。

デュルケームの説は核家族を息苦しいと感じるぼくの感覚を別の面で論証してくれると思います。家族の構成員が多い方が、メンバーの一人一人は家庭内で自由であると感じ、かつ支えられていると感じる、ぼくはそう思います。

どうやって家族を開いてゆくか。一人一人が自由を感じながら、なお深いところで結びつけられているような幻想の共同体をどうやって作り上げてゆくか。これはぼくがずっと考えているテーマです。

ぼくがとりあえず一つの解決策として考えているのは「拡大家族」です。いろんな人たちが統合して暮らすのです。家庭をすでに持っている人は難しいかもしれませんが、単身生活者は今たくさんいます。ぼくのまわりの大学の教授や学生たちも、一人で暮らしてる人が非常に多い。そういう人たちが、緩やかなネットワークを作って、支え合うということはできそうな気がします。

ぼくは大学生の頃、大きい家に男ばかり五人で暮らしていたことがありました。全員それぞれに個室があって、真ん中にパブリックスペースとしての居間と台所があり、みんながそこに集まってくる、そんな家でした。誰かが熱を出せば、誰かが看病したり買い物に行ったりしましたし、誰かに何か祝いごとがあれば、すぐ友だちが集まりましたから、年がら年中いろいろな人が出入りする、実に開放的な空間でした。

考えてみると、ぼくは結婚するまで、いつも男の友だちと暮らしてました。一人きりでいた時期ってないのです。最初は大学の寮、それから学生たちだけのアパート、それから先ほどの五人のコミューン、それから後も、兄と暮らしたり、適当に出たり入ったりする男の友人たちとそのつどルームシェアをしていました。男同士で暮らしている空間というのは、男女が同棲《どうせい》している部屋よりも、なんとなく居心地がいいのか、自然人が集まってきます。部屋に帰ると、知らない人たちが上がり込んで麻雀《マージャン》やってるとかいうこともありました。

だから、十九歳から後、ぼくは「一人暮らし」をしてきたことになっていますが、実際には結婚するまで、いつでも「誰か」と暮らしていたわけです。そういうのが好きなんです。狭い部屋を他人とシェアしている場合は、ささやかながら社会的なルールを決めて、それを守ってゆかなければならない。そこに発生するある種の「公共性」が風通しのいい感じをもたらすのです。

核家族というのは、家の中に「他人」がいない場です。だから、全部がプライヴェート空間になってしまい、パブリックスペースがない。たぶんそれが最大の問題なのです。お風呂《ふろ》上がりに裸で出てきたり、寝っ転がってTV見ながらおならしたりできるのは、そこにいる人たちが全員、そこを「私的空間」だと思っているからです。いわば家全体が全員の私室になっている。これが核家族です。これはけっこう気持ち悪いですよ。メンバーの私的空間を尊重するという気づかいの持ちようがないんですから。

いや、個室があるじゃないか、と反論されるかも知れませんが、核家族の個室はほんとうの個室ではありません。

滞在客がいたり、召使いや書生や執事がいたりして、その人たちが廊下や客間を往来するというときにだけ、個室は個室になります。廊下や客間やトイレや浴室が「公共空間」であると認識されるときだけ、それとの差別化として「私的空間」が確保されるのです。家族だけで暮らしている場合の個室は私的なテリトリーではなく、ただの「一区画」にすぎません。

今の家庭では、よほど大きな家でも使用人を置きません。少し前までは、ある程度の規模の家には必ず使用人がいました。『それから』の代助だって、定職もなくてぶらぶらしているのに家には婆やと書生と、二人も使用人を置いています。それでいて、ちゃんと家で恋愛なんかしているわけです。それはつまり、一つ家の中に「プライヴェート」な場と、

「パブリック」な場がきちんと切り分けられて並存していたということです。そこではプライヴァシーというものが、ドアがあるとか施錠できるとかいう、単なる空間的な切れ目のことではなく、人間関係の親疎濃淡をふまえたふるまい方のこととして理解されていたということです。

でも、今の人たちは家の中に「他人」が入り込むことを毛嫌いします。家族だけで、完全密室のマンションに暮らして、隣近所ともあまり交際しない。家族とその外部の間に決定的な切断があるせいで、逆に家の中がどろどろに癒着している。それがぼくには気持ち悪いんです。

日本の家屋はほんらいもっと開放的なものでしょう。たとえば「縁側」というのは、そういう機能を担っていました。「縁側」というのは、家の内部でもないし外部でもない中間的なゾーンです。縁側に来て坐《すわ》り込む人は、「お客さん」でもない、「ただの通行人」でもない。その中ほどの人ですね。その人に座布団を勧めて、お茶を出します。

ぼくが子どもの頃に暮らした家は、縁側があって、狭い庭があり、その先には低い垣根があって、そこを近所の人たちが通るのが見えました。外からも家の中の様子はかなり窺《うかが》い知れたはずです。加えて、家には実に頻繁にお客さんが出入りしていました。密室性が希薄だったのです。

小津安二郎《おづやすじろう》の『秋刀魚《さんま》の味』に出てくる佐田啓二《さだけいじ》と岡田茉莉子《まりこ》の夫婦が住んでるアパートでは、コンコンってドアをノックして、「なーに?」って言うと、「トマト貸して」と、おかずや調味料の貸し借りをご近所さんでやっています。『お早よう』でも、買い物に行く人が、「今から買い物行くけど何かある?」って隣の主婦に尋ねています。「ちょっと、大根買ってきて」とかね。昭和三十年代くらいまでは、東京だって、そういうふうだったのです。

そういう「ご近所」や「縁側」がもうなくなってしまいました。建物の構造上の理由もあるのでしょうけれど、それだけではないと思います。そういう密閉的な家を好む人が増えているんです。子どもが家に友だちつれてくると、嫌がる親が増えましたし。今は親戚《しんせき》でも、あらかじめ電話をせずに訪問してきたら、ずいぶん嫌な顔をされるでしょう。でも、ぼくたちが子どもの頃は、アポイントメントをとらずに、お互いの家を行き来するというのはごくふつうのことでした。

家が閉ざされてきて、学校も閉ざされてきて、どこもかしこも狭苦しくなっています。小学校などで「いじめ」が起こる理由の一つはその狭苦しさでしょう。学校の教室が「パブリック」な空間ではなく、空気がどろりと澱《よど》んだ、濃密に「プライヴェート」な空間になっている。子どもたちも教師たちも、自分の家にいるときと同じような、ずるっとしたしゃべり方をし、私生活と同じようなマナーでふるまっている。公私のふるまい方を切り替えるということのたいせつさをもう誰も教えない。その方が「風通しがよくなる」ということを誰もアナウンスしない。

そういう均質的な空間に風穴を開けるのが、「トリックスター」的な存在です。そういう人が一人いるだけで、ずいぶん流れが変わる。

友人のソムリエに聞いた話ですけれど、フレンチのレストランにいるソムリエというのは、そういうトリックスター的な存在らしいですね。

フロアにいるのでも、厨房《ちゅうぼう》にいるのでもなく、両方を行き来している。誰か直属の上司がいるわけではなく、どこかの指揮系統に収まっているわけではない。フロアと厨房の二つの領域のどちらにもつかず、両方をつなぐ役をしているのです。

厨房は上下の位階がはっきりしているし、仕事が同質ですから、コックさんの間では、「いじめ」がわりと多いんだそうです。均質的な場ですし、技能の差が歴然と表れますから。「いじめ」が起こりやすいというのは分かります。そういうときにソムリエには何となく、その「煮詰まった」空気に穴を開けるような役割を期待されているのだそうです。厨房的価値観とは別種の考え方をそこに流し込むことで、危険なまでに高まった内圧が逃がされて、システムが安定する。そういうことって、レストランに限らず、いろいろな場で起こっていると思いますね。

トリックスターというのは、相反する二つの要素を自分の中に持ってるもののことです。ほんらい人間はみな潜在的にはトリックスター的な存在なのです。一人の人間の中に、野性と文明、男と女、悪魔と神など背反する要素が共存しています。それが当然なんです。

そういう複素的な存在で自分はあるということに自覚的な人は、いろんなものにつながりやすく、いろいろなネットワークに接続しやすい。その人が触媒になって、それまで別個に機能していたシステムが組み合わさって緩やかな共同体ができる。そういうのがぼくは好きなんです。

拡大家族でも、「おじさん・おばさん」でも、トリックスターでも……といろいろな事例を挙げましたけれど、要するに、ぼくが言いたいのは、家を開放的なシステムにしないとまずいよ、ということに尽きるのです。身内だけで固まった場所が現に暴力と狂気の温床になっているということ、メンバーたちの心と身体を傷つける場になっているということ、この事実はもっともっとアナウンスされるべきだと思います。多くの家庭はもうすでにその成員を「癒《いや》す場」であるよりむしろ「損なう場」になっているとぼくは思います。むしろ、今の子どもたちにとっての急務は、いかにして家庭という危険な場所を無傷で逃れ去るかということだと言っても過言ではないでしょう。

家庭を生き延びるための戦略は基本的にはこれまで述べてきた生存戦略と同じものです。それは、とにかく家庭では「素」に戻らないということです。親は「親らしく」ふるまい、子どもは「子どもらしく」演技的にふるまう。お互いの内面をさらけ出し合うというような「はしたない」ことは家庭の中では自制する。そういう節度のあるふるまい方を家族とともにあるときも保つことです。

そんな白々しいのは家庭じゃない、と怒る人がいるかも知れません。でも、そういう人は「親しみ」ということと「馴《な》れ合い」ということを混同しているのではありませんか。ほんとうの親しみというのは敬意のないところには成立しません。

温かく親しみのある家庭というのは、みんながエゴを剝《む》き出しにし、本音を遠慮なくさらけ出し合うような家庭のことではありません。そうではなくて、一人一人が欲望を自制し、内面を隠し、期待されている家庭内の役割をきちんとこなし、そうすることでほかのメンバーの「家庭以外の場所・家族以外の人間関係」における活動を支援する集団、それがただしく「癒し」の場であるような家庭だとぼくは思います。

ぼくが「自立しろ」ということを学生にがみがみ言うのは、一人で暮らした方が気楽であるとか、誰にも依存しない生き方は素晴らしいとか、そんな薄っぺらなことを言いたいからではありません。そうではなくて、自立できる人間、孤独に耐えられる人間しか、温かい家庭、親しみのあふれる家庭を構築することができないと思っているからです。一人でいることのできる人間だけが、他者がかたわらにあるときの温《ぬく》もりに、深い感謝と敬意を抱くことができるのです。

逆説的なことですが、「温かい家庭を構成できる人間」とは「一人でいることに耐えられる人間」のことです。「自分のために家族は何をしてくれるのか」ではなく、「家族のために自分は何をしてあげられるのか」ということを優先的に配慮するような人間のことです。

家庭は社会であり、家族は他者です。

そこで人間は生まれてはじめて共同的に生きるマナーを学びます。そのマナーは集団のスケールがどれほど拡がっても、本質的には変わりません。何よりもまず自分を適切に防衛すること、他者にディセントであること、自分の立ち位置をただしくマップすること……他者と共同的に生きるしかたに家庭内と家庭外の違いはありません。家庭の内外の間に決定的な断絶線があると思い込んでいる人間だけが、家の中で恥部をさらし、家の中で暴力をふるうことができるのです。

愛していたら、人を殴れない

ドメスティック・バイオレンス（DV）は今や非常に深刻な問題です。これをぼくは核家族幻想の末期症状だと思っています。

この現象を、これまでも存在していたのだが単に隠蔽《いんぺい》されていただけだと言う人と、最近になって出現してきた現象だと言う人に意見が分かれているようですが、ぼくは後の方の意見に賛成です。

DVをフェミニズムに引きつけて論じる人は、「もともと存在していたのだが、父権制の抑圧下では日常的なこととして問題にされなかった現象が、フェミニズムの介入によって病的な事例として前景化した」というふうに家族の心理問題を論じる傾向があります。もちろん、新しい理説の出現で問題が前景化するということは確かにあります。でも、そういうふうにしてある理説の卓越性を言い立てていると、その問題が「最近になって出現した」のではないかという可能性は吟味されなくなります。

ぼくはDVには新しい要素もあると思います。それは、暴力をふるう人間（たいていは父親か夫、たまに子ども）が家族を怒鳴りつけたり、殴ったりするときの「決めのセリフ」が「どこかで聞いたセリフ」だからです。

人間には「生の感情」というものはありません。感情表現は学習するものです。ことばにならない感情は、表現されません、これが問題の前提です。

DVが巷《ちまた》にあふれているということは、暴力と暴力的なことばで自己表現するしかたを人々が「学習」したからです。そういうことばづかいで「自分の生な感情」を表現することが社会的に許容されていると考えているからです。

人間は徹底的に社会的な動物ですから、社会的に認知されない行動は取りません。「反社会的な」行動と言われるものでさえ、それが「反社会的な行動」として社会的に認知されているからこそあえて行われるのです。そうでしょ。「社会のルールを守らない人間」は、誰が見ても「社会のルールを守らない人間」であるということが即座に分かるような記号的な服装をして、しゃべり方をして、顔つきをしています。広告代理店の営業マンみたいなしゃべり方をするヤクザなんかいません。

DVもヤクザの暴力と本質的には同じです。それが「何を意味するか」を暴力の加害者も被害者も「分かっている」からこそ、暴力をふるう人はその表現方法を学習し、模倣し、実践しているのです。

ではいったいこの人たちは何が「分かっている」のでしょう。

それは「激しい感情は、それにふさわしい激しい表現を伴うものだ」という考え方です。ぼくはこれこそがDVの原点にあるイデオロギーだと思います。

DV事例の多くは嫉妬《しっと》や過干渉から始まります。「オレはお前のことをこんなに愛しているのに、どうしてオレの気持ちが分かってくれないのだ」と言って泣きながら殴りつける、というのが典型的なケースです。

暴力をふるう側は「オレの気持ち」は「純粋だから正しい」と思い込み、暴力を受ける側もしばしば「純粋な愛ゆえの暴力」は容認されるべきだという判断に与《くみ》します。そうである限り、加害者も被害者も、二人ともこの点については同じイデオロギーの信奉者です。もし被害者が「愛情は決して暴力的表現を取らない」ということを確信していれば、この暴力行為はいきなり刑事事件となって、加害者は司法の裁きを受けることになるでしょう。DVはそうならないのです。事件にならないということは、「愛情はときとして暴力的表現をとる」という考え方を被害者もまた共有しているということです。

ぼくはこのイデオロギーが諸悪の根源である、と考えているのです。

少し前にやっていた『ひとつ屋根の下』っていうTVドラマでは、ドラマティックに盛り上がるときに、長男役の江口洋介が「オレは、お前をこんなに愛してるのに」って福山雅治《まさはる》たち家族を殴る場面がよくありました。「こういうのって、まずいんだけどなあ」と思って見ていました。

TVを見ている人たちって、自分が似たような状況に立ち至ったときに、つい「TVで聞いたことのある台詞《せりふ》」を口走ってしまうからです。

だからこの番組を見ていた人は、何かのはずみで家族を殴るときに、「オレは、お前たちを、こんなに愛しているのに。どうしてその気持ちが分からないんだ！」と涙ぐみながら殴るということになるのかと想像したら、気分が滅入ってきたのです。

「オレはお前を愛してる」と言いさえすれば、後は何でも許されるというのは、いい加減にやめませんか。

ストーカーとかDVなんて、まさにその典型です。動機が「愛」であれば、後は何をしても許されるというのは、先ほどから論じている「ほんとうの自分」とか「内面」とかいう神話と同根のイデオロギーです。

ほんとうに人を愛していたら、殴れない。

家庭内暴力があれだけ陰惨なものになるのは、「愛しているから」という暴力の正当化を、殴る方も、殴られる方もイデオロギーとして承認しているからだと思います。「殴る人間は殴られる人間のことを愛していない」ということをきっぱりと双方が確認すれば、家庭の中で暴力がうじうじと持続するということは防げるはずです。

人を傷つけるのは相手に対して悪意があるからです。愛しているがゆえに人を傷つけるということはありえないのです。

ぼくは自分の娘を一度だけ殴ったことがあります。娘が三歳くらいのときです。娘が、トイレ掃除用のバキュームを振り回して遊んでいて、やめなさいというのに面白がってやめない。そのうちにぼくの顔にトイレの水が引っかかりました。そのとき、いきなり平手打ちで娘の頬を張りましたが、そのときぼくを支配していたのは、まちがいなく「怒り」でした。「しつけ」とか、「愛の鞭《むち》」とかたいそうなものじゃなくて、ただ、本を読んでいたのを邪魔され、気分を害して、怒ったのです。娘が火が点《つ》いたように泣き出して、はっと我に返って、深く反省しました。

もし、あのときに自分のふるった暴力を「しつけのために必要なことだった」というふうに正当化したら、その後も娘を定期的に殴っていたかも知れません。だって、その後も殴り続けないと、三歳のときに殴ったこととの正当性が揺らぎますからね。

ぼくは一度だけ娘を殴って、人を殴るときに、その動機の中に「親としての愛情」などどこを探してもないということを知ったので、以後二度と子どもには手を上げないと決めました。そして、愛情から人を殴るということはありえないということもそのときに学びました。人を殴るのは、憎いから殴るのです。

DVがやまないのは、殴る側も殴られる側も、心のどこかで、そういう激しい感情の発露を愛情の「屈折した表現」であると信じようとしているからでしょう。

心理学では反復強迫ということばで説明しますが、幼児期に親から虐待されてきた子どもは、虐待されることを「屈折した愛情」の証拠だからと自分に言い聞かせて、その救いのない幼児期を何とか意味のあるものだったと思い込もうとします。愛しているから殴ったとでも思わなければ救いがないのです。結局それが悪循環になっています。

だから恐ろしいことに、父親からずっと殴られたりした女の子は成長した後も、自分が男を選ぶときに、殴る男を選ぶ傾向があります。世代間連鎖です。それは人を殴るというのは愛情の証拠だからと自分に言い聞かせてきたからです。

人は一回メッセージを読み違えると、いつまでも自分が作った物語に執拗《しつよう》に忠実になるものです。DVでは被害者の心理については「反復強迫」で説明できると思いますけれど、加害者の側が、まさに現代における支配的なイデオロギーで理論武装しているということはあまり言われません。それは「ほんとうの自分」というのが、人間の内部のどこかにあって、その「ほんとうの自分」がピュアでありさえすれば、「外側では何をしても構わない」というイデオロギーです。

自分に正直であるためには誰にも遠慮する必要はない。自分に対して誠実であるためにはどれほど非礼でも構わない。自分の気持ちを守るためには誰を傷つけても構わない。そういうイデオロギーをTVドラマも小説も映画も垂れ流しています。

そして、そういうイデオロギーを腹一杯に詰め込んだ「無垢《むく》な」若者たちが暴力をふるっているのです。

人間が暴力をふるうのは、自制心が弱いとか、思いやりが足りないとかいう理由からだけではありません。暴力の行使を合理化できる論拠が自分にはあると思っているからです。その論拠を「みんな」が承認してくれると信じているからです。

家族を基礎づけるもの

ぼくたちの年齢は「ニューファミリー世代」と呼ばれる世代に属しています。それまでの「家」中心の家族から、「個人」中心の家族へ移行し、「高め合う夫婦」や「友だちみたいな親子」という新しいモデルをめざして家族の絆《きずな》を作ろうとしてきた世代、というふうにまとめられると思います。

形式的、法律的な縛りをふりほどき、愛情と信頼だけで結ばれた家族だけがほんとうの家族だ、というふうに考えてきたわけです。

しかし、やってみて分かったことは、愛だけを条件にしたら、ほとんどの家族は成立しない、という悲痛な事実でした。

家族メンバー個々人のピュアな愛情だけで結びついている家族というのは、思いの外に脆《もろ》いのです。

昔の「家」中心の家族は、愛情なんてあってもなくても、とにかく共同体を形成していることが一人一人が生き延びるために必要だったわけです。愛情ではなく、社会契約の上に立脚していたのです。でも、この社会契約によってがんじがらめになった家族が一人一人にとって、それほど抑圧的なものであったかというと、なかなかそうも言い切れないと思うのです。

ぼくの父は五人兄弟の四番目で、長兄は兄弟たちからずいぶん敬われていました。子どもの頃、正月になると父の兄弟全員が長兄のところに年賀に行くのですが、どうしてこの伯父《おじ》さんにみんなこんなに礼を尽くすのか、子ども心に不思議でした。何となく明治の人たちだから「封建的な」家族意識にまだとらわれているのだろうと思っていました。

この長兄に対する敬意に理由があることを知ったのはずっと後になってからです。弟たちはそれぞれひどい状態で敗戦を迎えました。ぼくの父も大陸ですべてを失って日本にたどりついたのですが、とりあえず札幌にいた長兄のところに行き、そこで新しい生活のための支度をしてもらって、あらためて上京したのです。次兄は長崎にいて、家族全員が原爆で死に、伯父も被爆しました。長兄はその報を聞いて、終戦前後の大混乱の中、一人電車を乗り継いで札幌から九州まで弟を探しにゆきます。そして、宮崎の病院で弟を見つけ出し、担いで札幌まで連れ帰りました。

伯父は別に例外的に兄弟愛の厚い人だったわけではないと思います（ぼくが記憶している限り、まるで愛想のない人でした）。ただ明治の男らしく、家長としての義務を果たしたのです。でも、ぼくたちが今この話を聞くと、この伯父の親族に対する献身には正直言って胸を打たれます。家督を嗣《つ》いだ長男が兄弟姉妹の面倒をみなくてはならないということを「時代遅れの道徳」として排斥する議論だけを聞いてぼくたちは育ったのですが、この伯父のように、貧窮のうちに育って、家督として嗣いだものはただ義務だけであり、それを黙々と果たした寡黙な家長がいたことはあまり教えてくれませんでした。

こういう家父長的な家族システムをぼくたちは封建遺制として葬り去ってしまったわけですが、それを断罪するときに、それがどういうプラスの社会的機能を担っていたのかについてもほんとうは冷静に吟味すべきだったと思います。もし、今の家族制度のままであの時代のような危機的状況に際会した場合、果たして核家族は効果的な相互扶助組織として機能するでしょうか。ぼくは懐疑的です。

ぼくは芦屋で震災を経験して、マンションが壊れたので三週間、近くの小学校の体育館に避難していました。体育館には数百人の人が寝泊まりしていましたが、そのとき見たものの中で一番醜悪だったものの一つは、体育館の隅の広い場所を占拠し、まわりに段ボール箱で「垣根」をはりめぐらし、そこに援助物資を溜《た》め込んでいたある一家の姿でした。

この人たちは近隣の人々を押しのけても、自分の家族だけを守ることは「常識」だとおそらく思っていたのでしょう。公共性を失った核家族というのは実に見苦しいものだとぼくはそのとき思いました。

しかし、ピュアな愛情で家族は結びつくべきだ、形式的なつながりで人間は結びつけられないというイデオロギーの、これはある意味で当然の帰結です。地域社会の人々（その中には助けの必要な老人も幼児もいたのです）には「ピュアな愛情」なんか感じないのだから、愛情もないのに、単なる義務感のようなものでその人たちに遠慮するのは「偽善」だ、と彼らは思っていたのでしょう。

このふるまい方は「愛情がなければすぐに離婚する夫婦」や、「子どもが可愛く思えないので暴力をふるう親」に通じるものです。彼らに共通するのは、「自然に発露するようなほんものの愛情」だけが人間同士を結びつけるべきであって、義務感や使命感や倫理観のような面倒な社会的な約束事で結ばれた他人との関係は不純であり、偽善的なものだ、という「純粋主義」「ほんもの志向」です。

これは人間についてのとんでもない勘違いだとぼくは思います。

ぼくは仕事柄、昼間家にいることが多くて、ときどき昼ドラというのを見るのですが、びっくりするのは、この時間帯のドラマの主人公の女性たちが実に不機嫌そうな顔をしているということです。だいたい、ラストは主人公のクローズアップで終わることが多いのですが、これがほとんど例外なく、眉《まゆ》にしわ寄せて悩む顔なのです。まあ、ドラマの中でも、子どもを叱りとばしたり、旦那《だんな》と気持ちが通じなかったり、姑《しゅうとめ》とバトルを展開したりしているわけですから、あまり機嫌のよい顔になる道理はないのですが、それにしても不機嫌です。出てくる旦那の方もだいたい「うるさい。疲れた。寝る」と言い放ち、子どもはキイキイ怒って、「お父さんのバカ」と罵《のの》ったり……見ていると、だんだん気持ちが滅《め》入《い》ってきます。

どうしてこんなことになってしまったのでしょう。

たぶんみんな「ないものねだり」をしているのだと思います。家族である以上、愛し合っていなければならないはずだという思いがあって、それが欠如していることに対して「これでは夫婦として親子として家族として不完全だ」という不満や怒りが募るのです。家族のほかのメンバーに対する期待がある意味では高すぎ、ある意味では低すぎるのです。

家族以外の人間には決して抱かないような種類の濃密でリアルな愛情を家族たちは互いに持続的に示すべきだという要求はハードルの高すぎる不可能な要求です。そういう愛情を求め合うものたちの共同体である限り、どんな非礼なことをしても暴力的な言動を投げかけ合っても許されるというのはハードルの低すぎる要求です。

人間同士の親しみや敬意というのは、もっと「ほわん」とした感じのものだとぼくは思います。

小津安二郎の『お早よう』という映画のラストシーンで佐田啓二と久我《くが》美子《よしこ》は駅のホームでこんな会話をかわします。


「こんにちは」

「こんにちは」

「今日どちらまで？」

「ちょいと西銀座まで」

「いい天気ですね」

「いい天気ですね」

「あ、あの雲何ですか？　何かに似てますね」

「何かに似てますね」

「いい天気ですね」

「いい天気ですね」

二人はこんなふうに終わりなく同じことばをただ繰り返すだけです。でも、この会話が二人にとって至福のコミュニケーションであることがぼくたちには確信されます。どうしてでしょう。現にここには有意な情報のやりとりは何もないのに(唯一の情報らしい情報は佐田啓二が西銀座方面にでかけるらしいということです)。ではいったい、この会話では何がやりとりされているのでしょうか。

二人の間を行き来しているのは、「私はあなたのことばを聞き取った。私たちの間にはコンタクトが成り立っている」というメッセージです。というのも、相手とのコミュニケーションが成り立っていることを相手に知らせる一番確実な方法は、聞き取ったことばをもう一度繰り返すことだからです。この二人は「私はあなたにことばを贈る」「あなたのことばは私に届いた」ということ「だけ」を語っているのです。

恋人同士は、「愛してる」「愛してる」「愛してる」「愛してる」と永遠と告げ合います。これがほかのどんな話をするよりも恋人たちにとっては愉《たの》しい会話なのです。だって、彼らは別に有意なメッセージの交換をしたいわけではないのです。彼らが望んでいるのは、自分の「メッセージの贈り物」を受け容《い》れてくれる他者がかたわらにいるという事実を確認すること、ただそれだけなのです。

もし家庭をいつまでも温かく優しい場所にしておきたいと望むのなら、ぼくは家庭内でのコミュニケーションは、こういう「ほわん」としたメッセージの往還にとどめておく方がいいと思います。

政治的意見や社会問題に対する見解において家族内で意見の一致を探るなんていうのは、まるでナンセンスなことです。そういうのは、誰かがうっかり口にしても「ほうほう、そうかね」というくらいに軽く受け流してあげるのが礼儀です。

他人に対して優しくするにはいろいろなやり方がありますが、「ほっといてあげる」というのは、その中でも一番難しい接し方です。でも、適切なしかたで「ほっといてもらう」ことほど人間にとって心休まることはないのです。

誤解しないで欲しいんですけれど、単に「ほうっておく」とは違うんですよ。「ほっといて『あげる』」「ほっといて『もらう』」ということばづかいから分かるように、それが敬意の応酬であることが双方にはちゃんと意識されているんですから。

ほんとうに親しい人たちの間では、ときには「何もしない」ということが貴重な贈り物になることもあるのです。でも、こういうことには、「コミュニケーションとは贈与である」という、ものごとの基本が分かっていないと、なかなか理解が及ばないでしょうね。

資本主義VS人類学

「男らしい男」や「女らしい女」がいなくなったのは、戦後民主主義やフェミニズムの責任なのでしょうか。そういうふうな説明をする人もいますが、ぼくは違うと思います。

過去二〇年間メディアは確かに「らしさの廃絶」のためにずいぶん努力をしてきました。しかし、いくら自立や個性の開花を呼号してきてもイデオロギーそのものには、人類学的な叡智《えいち》を覆すような力はありません。いくらフェミニズムががんばっても、ジェンダー・フリー社会などというものは絶対に出現しません（性差をなくすことの方が人類の生存戦略に不利なんですから）。

しかし、種の生存戦略的に不利であるような社会のあり方を唱道するイデオロギーが興隆したという人類史的事件の重要性は看過できません。どのようなイデオロギーであれ、それが現実に強い影響力を持つときには、ある種の人類史的な地殻変動に連動しているからです。

人類学的に考えれば、どうしたって性差や年齢差や身分差のようなセグメントはなるべく細かく分かれている方が、人類の種としての生存には有利なのです。にもかかわらず、ジェンダー・ボーダーの廃絶とか、一億総中流化とか、「老いてなお」エヴァーグリーンとか、あらゆる領域で社会を区分していた境界線が消えつつあります。つまり、時代の流れは明らかに人類の生存に不利な方向にシフトしているわけです。

またどうして、人類は人類の生存に不利な方向に「進化」しているのでしょう。その理由をなんとか説明できないと、家庭の問題にも教育の問題にも政治の問題にも、適切には対処できません。

人類学的システムを覆すほどの力を持つイデオロギー、人間の生存戦略を傷つけることができるほどはげしく人間の欲望を駆動できるものとは何でしょうか。

難しそうですけれども、聞けば、答えはけっこう「なんだ、そうか」です。

それは資本主義です。

資本主義がめざすのは「たくさん生産する、たくさん流通する、たくさん消費する」ということ、ただそれだけです。それ以外にはどんな目的もありません。

どうしてそんなものが支配的な経済体制になったのか、これについては長い長い話になりますが、あえて一言で言えば「人間はそういうのが好きだから」と言うほかありません。

人間は動物であると同時に人間です。

人間の中に残る動物としての本能は（岸田秀さんによると「壊れている」ので、あまりうまく機能しないのですが）、システムの安定のためには、成員の欲求はばらけている方がいい、と教えます。型や身分や性差や親族組織やトーテミズムは、そのための人類学的発明です。

しかし、人間はそのような合理的な生存本能だけで生きているものではありません。人間は、システムの安定を配慮するのと同じ熱情をもって、システムの安定を犠牲にしても、財貨やサービスや権力や情報が「どんどん運動する」のを見たいという、非合理的な欲望に身を灼《や》いてもいます。

システムの安定か、欲望の充足か、人類発生以来、この拮抗《きっこう》関係はゆるやかに「欲望」の優勢のうちに推移してきました。ですから、こう言ってよければ、欲望の充足を生態系の安定より優先的に配慮する生物、それが人間である、ということになるでしょう。動物と人間が違うのはおそらくただその一点だけです。それが生産力の向上、生産関係の変化、貨幣の発明、分業の発生、階級と国家の出現、帝国主義戦争、グローバリゼーション……という生産と流通の変容の推力なのです。

資本主義の本質は、「大量生産・大量流通・大量消費」をめざす運動性そのものですから、近代以降の社会理論はすべてこれを前提にするものか、これに棹《さお》さすものでした。マルクス主義も例外ではありません。マルクスのめざした理想社会は生産効率が最高によい社会のことなんですから（前近代的な相互扶助的な共同体への回帰をめざした政治思想・運動も一九世紀には見られましたが、どれも短命なものに終わり、ついに支配的なイデオロギーになることはありませんでした）。

資本主義は生産と流通と消費の最大化をあらゆるものに優先させるシステムです。

さて、市場を活性化する方法は今も昔も一つしかありません。考えれば誰にでも分かります。

それは、「みんなが同じものを欲望し、かつ欲望の対象が一定しないこと」です。

当たり前ですよね。

みんなが一斉に同じものを欲しがれば、その商品はたちまち希少な財貨となりますから、価格は高騰します。そして、ひとわたり商品がゆきわたったところで、急にその商品に対する欲望が消え失せれば、それは惜しげもなくゴミ箱に棄てられ、みんなが「次なる商品」に殺到する。この欲望のめまぐるしい点滅が資本主義の理想状態なのです。

こういうことをいうと傷つく人が多いと思いますけれど、思い出して下さい。

バブルの頃に、日本中のサラリーマンたちが雪崩打つようにマンションや一戸建ての「持ち家」を三五年や四〇年のローンを組んで買いましたね。どうして彼らは突然家が買いたくなったのでしょう。彼らの側に何か家が必要な切実な事情が同時に発生したのでしょうか。

違います。

家が買いたくなったのは、みんなが家を買い出したからです。それまで別に欲しいと思わなかったものがいきなり欲しくなるというのは、「みんなが欲しがり出した」からです。他者の欲望に感染したのです。

需要が増えれば増えるほど、商品の希少性は高まり、交換価値は高騰しますから、当然、一番多くの人が家を買いたがるときが、家の値段が一番高くなるときです。「とりあえず要らないけど、みんな買ってるから買おうかな」というだけの理由で、一生分の借金を背負って買い物をしたのは、気の毒にもその商品が一番高いときだったのです。

資本主義というのは、こういう欲望のあり方の上に繁昌するシステムです。

ですから、資本主義にとっての理想は、バブルのときに後先考えずにローンを組んだり、ティファニーの前に列を作ったような「他者志向的な」、つまり「隣の人が欲しがっているものが欲しくなる」ようなタイプの人間たちで社会が充満することなのです。すべての人が同じものを欲しがること、そして欲しがるものが絶えず変化すること、それが資本主義の理想なのです。

その資本主義の理想実現にとって、一番目障りなものは何でしょう?

これはすぐ分かりますね。そうです、人間たちの欲望を少しずつずらして同一物に欲望が集中しないようにしている「障壁」、それが一番邪魔なものなのです。「らしさ」に統御された集団に欲望が分散してしまうこと、これが資本主義にとっての最悪の障害なのです。「子ども」は「大人」の欲しがるものに見向きもしない、「老人」は「若者」の欲しがるものに見向きもしない、「女性」は「男性」の欲しがるものに見向きもしない……というふうに、集団ごとに欲望が「ずれている」というのが有限な資源の分配のための知恵なのですが、資本主義が求めているのは、まさにその正反対の「全員が同じものを欲しがる」状況なのです。

こうして、社会成員の欲望をできるだけ均質化しようとする資本主義と、成員の欲望をできるだけ分散しようとする人類学的制度の間に熾烈《しれつ》なバトルが展開することになります。

ぼくがこの本でここまで論じてきた「らしさ」の解体とか、「型文化の衰退」という状況判断はこの資本主義と人類学的システムの相剋《そうこく》という大きな文脈の中に身を置いての発言なのです。

「『男らしく』なんかなくてもいいよ、オレはオレなんだからさ」と言い放つ若い人たちにしたって、実はけっこう「らしく」ふるまってはいるのです。だって、彼らも「今風の若い人らしさ」というものを強く意識していて、「オレはオレなんだから」という「当世風」をきっちり踏み外さないでいるわけですから。

「当世風」というのも、ある種の「型」であることに違いはありません。

「集団への分割」がたいせつだということを、彼らだって直感的に知ってはいるのです。

現に、その「当世風若者」をさらに細かいセグメントに割ってゆき、「……系」とか「……派」というような下位集団を作ることまでやってるんですから。

彼らが気づいていないのは、そもそもの最初に彼らに割り当てられた「当世風若者」というカテゴリーが非常に「狭い」という事実だけです。

若者だって、おじさんだって、少女だって、おばさんだって、みんな自分たちがあまり似すぎていることには不快を感じます。だから、隣の若者や隣のおばさんを横目で見ながら、それとの差異化をはかります。

隣の奥さんが「豹柄《ひょうがら》」のブラウスなら、あたしは「虎柄」で対抗、というくらいの差別化はやっているのです。ただ、「二人ともアニマル柄」という前提的事実が見落とされているというだけのことです。

隣人との差別化には熱心だけれど、隣人と私をともに包み込んでいるニッチの狭さにはぜんぜん気がつかない、というような意識のあり方をするものを「大衆」と呼びます。

現代の日本人は狭苦しいニッチに閉じこめられています。そして現代日本人に割り当てられたこの狭苦しいニッチを「全世界」だと思い込んで、この環境をさらに下位のニッチに細分化することに営々として励んでいるのです。

時間的な比喩《ひゆ》を使って言えば、現代日本人は「午後五時一一分から一二分の間に棲《す》む種族」のようなものだと言えるでしょう。そこでは人々が「午後五時一一分〇一秒と〇二秒の間の黄昏《たそがれ》の色調の差異」というようなものを言い立てることにエネルギーの大半を注いでいます。

これを痛感したのは、つい先日のことです。ある新聞のコラムに「貧乏を恐れるな」という短文を寄せたところ、それに対して「あなたのような金持ちは、人生が変わるほどのほんとうの貧乏を知らない」という抗議のメールが来たのです。

ぼくは驚きました。

二〇〇〇年度の日本の一人当たりGDPは三万七五六〇ドルで、ルクセンブルクについで世界第二位です。一世帯当たりの平均所得は六一六万円。その上で、この人は「私は貧しい」と言っているわけです。

その日の同じ新聞にはグアテマラの日雇い農民の日給が二四〇円という記事が出ていました。一年三六五日休まず働いて年収八万七六〇〇円です。

朝日新聞を購読し、インターネットを使える程度の収入があるこの人は、グアテマラやソマリアの人たちの前で、「私は人生が変わるほどの貧乏を経験している」と言えるでしょうか。「人生が変わるほどの貧乏」というのは、たぶんどれほどの個人的努力を積み重ねても、自分の未来を変えることが絶望的に不可能なほどの貧困のことでしょう。そういう貧困が現実に「ある」ということを想像できない人だけが、自分を「貧乏」だと主張することができるのです。それほどまでに現代の日本人は視野が狭いということの、これは実例だと思います。

資本主義というのは、「差異のうちに棲《す》む」という人間の特性を最大限に利用します。隣人と「ほとんど同じだが、ほんの少しだけ違う」というしかたで差別化をはかり、それによってアイデンティティを確保したいという人間の欲望が資本主義の駆動力なのです。おまけに、人間はどんなわずかな記号のずれにも差異を感知できるきわめて「差異コンシャスネス」の高い生き物です。

だから、微細な差異に敏感になることに消費者の意識を集中させ、その消費者たち全員をできるだけ狭いニッチに閉じ込める、というのが資本主義が採用するベストの戦術ということになります。「午後五時一一分〇一秒と〇二秒の間の黄昏の色調の差異」の析出に夢中になれる人間は、自分たち全員がわずかな時間の幅に閉じこめられている事実にはもう気づきません。

それは生産者の側からすれば、防寒着として「毛皮のコート」から「蓑《みの》」までカタログを揃えなければならない場合と、「生地も色もスタイルも同じで、ただボタン位置が違うだけ」のコートを用意すればいい場合のコストの違いに反映するということです。だって、消費者たちがボタン位置の違い程度の差異化で十分熱狂できるのなら、それ以上多様な商品を用意する必要はもうないんですから。生産ラインは一本で済みます。ボタン付けの工程に何人か用意するだけでいいんですから。これは安上がりですよ。ひどい話ですけれど、「コストを下げる」ということは、そういうことなのです。なにしろ、日本人というのは色違いのユニクロのフリースを二〇〇〇万着買ってしまう国民なんですから。

資本主義にとってベストの戦略は「一つのできるだけ狭いニッチにできるだけ多くの個体を押し込む」ことです。それが今の日本の姿です。そして、ぼくはこれはシステムにとって危険な状態である、と申し上げているのです。

「らしさ」の制度性が批判されたとき、それは「生き方のオプションの多様化」をめざすものでした。個人の自由を尊重したのです。しかし、皮肉なことに、その努力の結果、ぼくたちは「生き方のオプションの多様化」ではなく、まるっきりその逆の「生き方の単線化」というべき事態に立ち至りました。

どうしてこんなことになってしまったのでしょう。

身も蓋《ふた》もない言い方をすれば、人間は期待していたよりバカだったのです。「もう制約をかけないから、これからは自分の好きな生き方をしてごらん」と言ったら、みんなお互いの顔色を窺《うかが》い出して、お互いを真似し始めたのです。

それまでは集団ごとに与えられた「モデル」の真似をすることが制度化されていました。ところが、もうモデルを真似なくてもいいよと言われたら、人間たちは喜ぶと思いきや、かえって困ってしまいました。だって、「ほんとうに私が欲望しているもの」なんて存在しないんですから。

人間の欲望は本質的に他人の欲望を模倣するものです。

人間たちがそれまで真似をしていたのはロールモデルのふるまい方や考え方というよりは、ロールモデルの欲望だったのです。急に「自分オリジナルの欲望を持て」と言われたって困ってしまいます。

「いや、私は自分だけの欲望を持っているぞ」といばる人がいるかも知れませんが、ぼくはあまりそういう人の話を信用しません。

たとえば、アメリカにはとんでもない変態的なシリアル・キラーがたくさんいますが、彼らの特徴は先行する犯罪を「コピー」することです。だからこそプロファイリングというような捜査方法が可能なのです。有名な殺人者と人種年齢学歴職種家庭環境などが似ている人間は、その殺人のしかたを真似する傾向にあるということです。つまり変態的シリアル・キラーというのは「変態的シリアル・キラーの真似をする人たち」の集団だということです。

以前にアメリカ中西部の高校で黒いレインコートをまとった高校生が散弾銃を教室で乱射して教師や級友を惨殺した事件がありました。レオナルド・ディカプリオの『バスケット・ボール・ダイアリーズ』の夢の場面を真似たものだという報道がありました。なるほど。映画を見た後に彼は「自分が一番したかったこと」を発見したのです。他人がしたことを見た後にならないと、「自分が一番したかったこと」を思いつかない、それが人間です。銃を乱射して級友を虐殺するほどに「ユニークな」この少年はディカプリオの真似をすることでしか、「自分のユニークさ」を表現できなかったのです。ことほどさように、人間というのはオリジナリティのない生き物なのです。

だからこそ、模倣する「他人」のモデルを決めておいて、「この人以外は真似しないように」という縛りをかけておかないと、たちまちのうちに人間社会は「お互いにそっくり」になってしまうわけです。

ぼくの言っていることは矛盾しているように聞こえるかも知れません。事実まるで矛盾しているのです。

「人間は自由に生きる方がいい」とぼくは思います。その方が人間のあり方が多様化する可能性があるからです。けれども、それと同時に「人間をあまり自由にさせない方がいい」とも思います。うっかり自由にしてしまうと、人間のあり方が全部同じになってしまうからです。めんどうな話ですが、筋道は分かりますよね。

ぼくたちが頭をクールダウンして算盤《そろばん》をはじかないといけないのはこの場面においてです。

人間社会のシステムを安定的に維持するためには多様な個体が混在することが必須である、というのが前提です。これはもうお分かり頂けましたね。

問題は次です。

多様性を確保するためには、個体を一人一人好き勝手にさせておく方がいいのか、それともある程度の個体をひとまとめにして「型」で縛る方がいいのか。

この問いには正解がありません。ケースバイケースで一つ一つ考えるほかありません。

ぼくたち全員がそれぞれの「オリジナルな欲望」に従って好き勝手に生きたら、全員がユニークな人格形成を成し遂げた、というのが社会のあり方としてはおそらく理想でしょう。しかし、現実にはそうなりません。「オリジナルな欲望」というものが存在しないからです。ぼくたちは誰かの欲望を模倣し、誰かに自分の欲望を模倣されるというかたちでしかコミュニケーションを立ち上げることができないからです。

この根源的な矛盾のうちに引き裂かれてあるということ、それが自由と制約をめぐるすべての問題の起源にある人間的事実です。

こういう知見を共有した上で、ぼくたちの社会にとっての利益が最大化されるようなオプションをみんなで話し合って考えてゆきましょう。何だか、最後は学級委員の総括のような話になりましたが、まあ、そういうことです。

終わりに

この本で私が繰り返し申し上げたのは、「無理はいけないよ」「我慢しちゃダメだよ」ということです。

では「無理でない」ところの「理」とは何であるか、「我慢しない」場合の「自然な気分」とはどういうものであるか、ということはそれほど簡単には言えません。私の見るところ、若い人がどれほど力強く「オレは無理しないぜ」「オレは我慢しないぜ」と宣言しても、そういうことばのはしばしから、ここかしこに「凝り」や「力み」が漏れ出るものであります。

凝りや力みを取るために、とりあえず一番よい方法は、静かに「聴く」ことです。心耳《しんじ》を澄ませて無声の声を聴く。

これは私の合気道の師である多田宏先生がよく口にされることばですが、外部から到来する理解不能の声に注意深く耳を傾けること、自分の身体の内側から発信される微細な身体信号をそっと聴き取ること。これは武道に限らず、哲学に限らず、人間が生きて行くときの基本的なマナーだと私は思います。

微《かす》かな信号を聴き取るために、そっと耳をそばだてるときに、人間の身体は一番柔らかく、一番軽く、一番透明になります。

これはほんとうです。

人間が一番無理なく、リラックスしている状態というのは、誰もいないところで一人でたたずんでいるときではなく、外部（己の身体はある種の外部です）から到来する「声」に静かに耳を傾けているときなのです。

茶を点《た》てるのも、香を焚《た》くのも、美味を味わうのも、音楽を聴くのも、書物を読むのも、ビジネスをするのも、武術的な立ち会いの場で相手の身体から発される気の流れを感知するのも、どれもめざしているのは同じ構えです。

それは「聴く」ということです。

これがこの本で私が言いたかったことです。

最後になりましたが、終わりなきおしゃべりと終わりなき原稿訂正に忍耐強くつきあって下さった角川書店の山本浩貴さんと伊達百合さん、そして東京から来た二人の編集者を熱烈に歓迎してくれた北野の「ジャック・メイヨール」に集う「街のレヴィナス派」諸兄諸姉に心からお礼を申し上げます。おかげで本ができました。

文庫版のためのあとがき

本書はたしか「語り下ろし」という形態に最初に挑んだ試みである。『ためらいの倫理学』という私の最初の単行本が冬弓舎から二〇〇一年の三月に出たあと、しばらくしてから、いろいろな出版社から企画が持ち込まれた。最初の単著を出せて、それだけでなんだか人生の一大事業を成し遂げたような気がしていたところに書き下ろしの企画がいくつも到来したので、私はすっかり舞い上がってしまい、あらゆるオファーににこやかに頷《うなず》き続けた。

しばらくしてから冷静になって見直してみると、私が書きますと約束してしまった本のリストは二十二冊に及んでいた。これはどうも一生かかっても約束は果たせそうにない。角川書店からのオファーがあったのは、たぶん私が「冷静になった」あたりのことではなかったかと記憶している。

さてどうやって空手形の始末をつけたものか懊悩《おうのう》していた矢先だったので、角川書店からの書き下ろし企画は即座に丁重にお断りしたはずである。ところが、このときの担当者であった「カドカワのヤマちゃん」（彼はのちに「文春のヤマちゃん」と呼ばれることになる）は「センセイ、そういう場合には『語り下ろし』という手があります。お話をしていただいたものをこちらでテープ起こししますので、さらさらっと手直しをしていただければ…」とチェシャ猫のような笑顔を私に向けた。

半日しゃべるだけで本ができるという魔法のようなことが可能なのであろうか。私は出版業界のことなど何も知らない素人であったので、彼の口上にすっかり感心してしまい、では他の仕事はさておき、こちらから先にやってみましょうということになった。

神戸の貸ホールのようなところで、伊達さんとヤマちゃんの二人を相手にして半日ひたすらしゃべり、それから北野の「グリルみやこ」に河岸《かし》を変えて、ワインなんか飲みながら、さらにしゃべり、十時間分くらいのテープができた。

やあ、これで一冊できたか、と私はすっかり肩の荷をおろしたつもりでいたが、そのあと上がってきたデータを見ると、おしゃべりはやはりおしゃべりにすぎず、そのまま商品化できるようなグレードではない。結局頭から全部こりこり書き直さなければならなかった。

さすがプロの編集者というのは人を働かせるのがうまいものだ。まるで赤子の手をひねるようなものだなと私はすっかり感心させられたのだが、そのせいでそれからあと数年にわたり「ヤマちゃん」は私のブログ上では繰り返し「ワルモノ」の代表のように言及され、世間を狭くすることになった（気の毒である）。

そういうわりとタフな環境で仕上がった本のわりには、本書は（意外にも）二十代―四十代の女性から好感をもって迎えられた。いったいどのあたりが彼女たちの琴線に触れたのか、私にはうまく想像がつかないが、「あんまり自分で立てた原理原則なんかに縛られないで、その場の気分に乗って、気楽に生きましょう」というメッセージが共感されたのかもしれない（違うかもしれない）。

ともあれ、この本を書いたあとも、私の基本的な構えは変わっていない。

自分が立てた原理原則から抜け出すのは、他人がおしつける原理原則から抜け出すよりもずっと難しい。人間というのは自分がいったん口にした言葉を死守しようとする本能的な傾向があるからである。

だから、前言撤回を恐れてはならない。

「ナントカである」と力強く断言したすぐあとに、「あ、さっきのナシね」と言うことを逡巡《しゅんじゅん》してはならない。「さっきのナシ」になったのは、自分のさきほどの判断に誤りがあることがわかったからである。他人に指摘されるより早くに自分の誤りに気づくのは、誇るべきことではあっても、少しも非難されるべきことではない。

それは教師でも同じである。「あの、すみません。先週はこう教えましたが、あれは嘘でした」ということを教壇できっぱりと言える教師は少ないが、それがそれだけ知的に困難な事業だからである。先週自分が言ったことの間違いに気づくというのは、一週間の間にそれだけの知的な進歩を遂げたということである。「先週も今週も変わらず賢い人間」であるより「先週より今週の方がちょっとだけ賢い人間」であることの方が私はずっとすてきなことだと思う。

「ごめんね。さっきのナシね」という言葉を日本人はもっともっと口にすべきであり、そう告げる人の知的誠実と勇気に適切なる評価を与えるべきだと私は思う。

でも、世間を見渡すと、自分が言ったことの首尾が合わなくなったときにも誤りを認めるのを厭《いや》がり、「いや、こんなことははじめから想定内でしたよ」とひきつり笑いをしたり、「その程度の食い違いは誤差の許容範囲でしょう」とにらみつけたり、そういう態度を採る人がやっぱり過半である。でも、そういうのは止めた方がいいと思う。何よりもご自身の健康によくない。

今回四年前に書いた本書をゲラで読み返して、あまりに不適切なことばかり書いてあるのに驚いて、「ごめんね。この本で書いたこと、ナシにしてね」という気分が今私の中では横溢《おういつ》しているのであるけれど、それは以上のような理由で本書の価値をいささかも減じるものではない、ということだけは胸を張って申し上げることができることは著者の欣快《きんかい》とするところなのである。

今回の文庫化に当たっては、校正が遅れに遅れて、担当の江澤伸子さんをたいへん苦しい目に遭わせてしまった。ほんとうに申し訳ない。

末筆になりましたが、本書成立に協力してくださったすべてのみなさんにお礼を申し上げます。いつも、どうもありがとうございます。おかげで本ができました。

内田　樹

二〇〇七年八月

解説

大きなおなべ

銀色夏生

角川書店の編集者の方からこの本の解説文を書いていただけませんかとお願いされましたが、解説など恐れ多いし、また私にできるわけがないので、私が見た感じた内田先生についてということなら書けますのでそれでよければと、こうやって書き始めています。

私が最初に内田先生の本を読んだのがたしか3年前の春だったと思います。難しいことがわかりやすく書かれていて、そうだなあ〜と共感することや、初めて知る見方がたくさんあったので、その時に入手できたこの本以外のたくさんの本（すごく難しそうな本以外）を買って読みふけりました。中にいろんなもの、驚くようなものまでもが、いろんなふうに入ってる大きなおなべのような人だなあと思いました。野菜も肉も石もガラスもなんでも入ってて、グツグツと熱いスープの中で煮えてたり沈んでたり（そしてそのスープの味は……味は?……う〜ん、謎です）。

そして、感想を手紙に書いて私の知ってる編集者の方に託しました。その人から内田先生を知っている編集者の人に渡してもらい、先生へとリレーのバトンを渡すように渡してもらおうと思って。それが3年前の秋でした。でもそのリレーはずいぶんとのんびりしていたようで、先生の手元に届いたのは年が明けて、たしかおととしの1月だったらしいです。それからあわてて、遅くなってすみません、今、手紙を読みましたという（のんびりしてくれたおかげでかえって臨場感のある）メールをもらいました。そこで、もし私が神戸に寄る機会があったら、ご挨拶《あいさつ》をさせてくださいと伝えました。それから時が過ぎ、その年の秋です。大阪に行く機会があったので、次の日に神戸の友だちに会うことにしました。それで、内田先生に、来月の末にそちらに行くのですがお時間ありますか？　という断られにくい（日にちの幅が広いので）メールをだして、会っていただくことになりました。た。私は、あの聡明《そうめい》な頭脳の入れ物はどんなのだろうとすごく興味があったのです。

その日、たしか午後7時だったか忘れましたが三ノ宮駅の改札口で待ち合わせしていて、私はなんだかぐずぐずしていて、それにポートピアホテルから三ノ宮駅が私が思ったほど近くはなくて、遅れそうでした。タクシーの中で約束の時間になってしまい、その丁度の時間に携帯の電話が鳴って、今どこにいますかと聞かれたので、すみませ〜ん、今タクシーの中で、ちょっと遅れます〜と言ったら、どちらから来られますか？　と聞かれ、ポートピアホテルから向かってます〜と言ったら、じゃあ丸井の前にいます、その方が来やすいからとおっしゃるので、はいと言って、私もせっかちだけどこの人は私以上だと思いつつ、できることなら走ってこっちに向かいたいんじゃないか？　私も今タクシーの中の心の中で走っております！　と思いつつ、しばらくしてやっと着いて、なんかきょろきょろしてる人がいるなと思ったらそれが内田先生で、何人もの人に銀色さんですか？　と声をかけてしまいましたとおっしゃいました。そして、先生の知ってるお店へと向かったのだけど、先生はよくコラムの中でも自分はすごく歩くのが速くて、もうちょっとゆっくり歩いてくださいと言われることがあると書いてらっしゃるけど、本当にそれは本当で、もうびっくりするほど歩くのが速くて、私なんか小走りでついていくのが精一杯で、それが妙におもしろかったです。そして、お店に着いたら閉まっていて、めったにお休みってことがないのにと驚いていらして、じゃあと別の思いついたところに向かって、そしてまた小走り。でも歩いても歩いても次のところが見つからない。アートコーヒーを目印にしていたらしいけど、そのアートコーヒーが見つからない。そしたら、人に尋ねると、その店は、もうないとのこと。で、アートコーヒー抜きでやっと店にたどり着いて落ち着き、そこでしばらく、大学の講義ひとコマ分ぐらいの時間、お話を聞かせていただきました（タダ！しかも食事つき！）。

そういえば、何をお話しくださったのかはよく覚えていないのですが、先生から、「僕も言われますが、銀色さんは意地悪でしょう？」と聞かれて、私は「ああ……はい」と答えましたが、その意地悪はどの意地悪だろう。先生が言われた意地悪と同じなんでしょうか？

帰りに歩きながら、これから書かなくてはいけない本が何冊も、十冊か二十冊たまってるということをおっしゃっていて、なんだかものすごくお忙しそうに見えたので、「どうしてそんなに忙しいことになっちゃったんですか？」と聞いたら、仕事が好きだし、頼まれたらそれに応《こた》えてあげたくなると。それを聞いて、なんか、男の人なんだなあと思ったのを覚えてます。そして、パワフルな大きなおなべはゆげをたてながら駅へと消えてゆきました。

森の中をこっちにこっちにこっちにこっちにって誘導されて、気がつくといつのまにか自分の足で見晴らしのいいところに立っている。ふんふんふんふんと内田先生の文章を読んでいると、そういうことがよくあります。そしてああ～なるほどなあ、ここからの景色はこういうふうに見えるのか～と思ったりします。ひとりでまたここまで来ることができるかどうかはわからないけど、一度見た景色は忘れない。あそこからはあんなものが見えたよな～、って。そして、その時に探すと、空の上か遠くのどこかに、そこまで連れてきてくれた先生の姿がちらっと見えて、ちぇ〜っ、頭いいよな、悔しいなあと思ったりします。でも先生ですからね、そういうものだと思います。その力をどんどん使ってこれからもいろいろ教えてくださいね、って無責任に私は言いたいです。みんなのために。

これからも楽しく生きてくださいね。

二〇〇七年初夏

本書は二〇〇三年五月、小社より刊行
された単行本を文庫化したものです。

疲《つか》れすぎて眠《ねむ》れぬ夜《よる》のために

内《うち》田《だ》 樹《たつる》

角川文庫 14837

平成十九年九月二十五日 初版発行
平成二十二年二月二十五日 十版発行

発行者―井上伸一郎
発行所―株式会社角川書店
東京都千代田区富士見二―十三―三
電話・編集 (〇三)三二三八―八五五五
〒一〇二―八〇七八

発売元―株式会社角川グループパブリッシング
東京都千代田区富士見二―十三―三
電話・営業 (〇三)三二三八―八五二一
〒一〇二―八一七七
http://www.kadokawa.co.jp

印刷所―旭印刷 製本所―本間製本
装幀者―杉浦康平

う 17-2 ISBN978-4-04-370703-4 C0195